企业绿色创新影响因素及其协同性研究

——以中国太阳能光伏产业为例

段楠楠 著

中国财经出版传媒集团

经济科学出版社
Economic Science Press

图书在版编目（CIP）数据

企业绿色创新影响因素及其协同性研究：以中国
太阳能光伏产业为例/段楠楠著．—北京：经济科学
出版社，2019.1

ISBN 978 - 7 - 5218 - 0100 - 2

Ⅰ. ①企…　Ⅱ. ①段…　Ⅲ. ①企业创新 - 研究
Ⅳ. ①F273.1

中国版本图书馆 CIP 数据核字（2018）第 298602 号

责任编辑：刘　莎
责任校对：王肖楠
责任印制：邱　天

企业绿色创新影响因素及其协同性研究

——以中国太阳能光伏产业为例

段楠楠　著

经济科学出版社出版、发行　新华书店经销

社址：北京市海淀区阜成路甲 28 号　邮编：100142

总编部电话：010 - 88191217　发行部电话：010 - 88191522

网址：www. esp. com. cn

电子邮件：esp@ esp. com. cn

天猫网店：经济科学出版社旗舰店

网址：http: //jjkxcbs. tmall. com

北京中科印刷有限公司印装

710×1000　16 开　12.5 印张　200000 字

2019 年 1 月第 1 版　2019 年 1 月第 1 次印刷

ISBN 978 - 7 - 5218 - 0100 - 2　定价：45.00 元

（图书出现印装问题，本社负责调换。电话：010 - 88191510）

（版权所有　侵权必究　打击盗版　举报热线：010 - 88191661

QQ：2242791300　营销中心电话：010 - 88191537

电子邮箱：dbts@ esp. com. cn）

前　言

当前，绿色创新已成为实现经济与环境和谐发展的主要手段。但是，随着绿色创新概念的提出，接踵而来也产生了一系列问题，例如，"如何推进绿色创新快速发展？""影响绿色创新的因素有哪些？"等等。尽管研究已经取得了可喜成果，但却也常出现理论成果无法对现实问题进行合理解释的现象。对现有研究资料的分析表明，造成此现象的主要原因之一就是人们常假设其他因素不变时对单个影响因素进行分析的结果。而现实中各种影响因素之间却存在着复杂的关系，以至于无法将其割裂开来单独考察。因此，如何在考虑影响因素协同性的前提下对企业绿色创新进行研究是亟待解决的问题之一。

为了实现对影响因素及其协同性关系的研究，本书以企业绿色创新影响因素为研究对象，以中国太阳能光伏产业绿色创新为例，从理论、方法与实证三个层次展开了研究。全书的研究成果如下：

（1）借助文献计量学研究方法分析了绿色创新及其影响因素的研究现状，进而提出了本书的研究主题。接着探讨了太阳能光伏产业绿色创新过程中存在的各种问题，并指出其根本性问题在于对太阳能光伏绿色创新模式认知存在误区。基于此，本书对太阳能光伏产业绿色创新模式的概念范畴进行了重新界定，然后利用超网络理论构建太阳能光伏产业绿色创新生态系统理论模型，全面刻画太阳能光伏产业绿色创新主体的行为以及他们之间的协同或制约关系，为之后的产业系统动力学模型构建提供了理论支撑。

（2）通过对太阳能光伏产业绿色创新动力机制及其影响因素进行分

析，在厘清该创新系统中所有参与主体的基础上，运用了系统动力学方法，将该产业绿色创新动力系统分为企业独立创新、企业间以及产学研合作创新、政府绿色创新引导三个子系统。然后通过仿真模拟的方法揭示了该动力系统中各影响因素之间的联系。最后对各影响因素敏感性进行分析，找出影响最为显著的三大因素，即技术溢出、合作创新关系和政府创新补贴。

（3）将企业创新关系分为合作、竞争、中立三种，在对技术溢出效应展开成为关于企业技术创新能力的改进技术溢出效应函数基础上，利用演化博弈理论和 Matlab 仿真技术分析了当存在技术溢出效应时企业技术创新能力、政府创新补贴和中立关系比例对合作创新关系稳定性的影响。结果表明，当两企业技术创新能力相当时，企业间可以形成稳定的合作关系。当企业技术创新能力存在势差时，只要能够制定合理绿色创新补贴政策，使两影响因素发挥其协同作用，依然能促使企业结成稳固的合作关系。另外，值得注意的是，维护与中立关系企业之间的关系可以增大合作创新的机会，且更有可能实现突破性创新。

（4）结合加权二分图投影算法和 Pearson 相关系数法构建了企业技术相似性改进算法，并利用 2000～2016 年期间中国知识产权局专利数据库中太阳能光伏发明专利数据对该算法进行了验证。结果显示，利用该算法所计算的企业技术相似性系数能够有效地辅助企业寻找潜在合作伙伴与识别竞争对手。

（5）以合作关系规模、合作关系力度（即合作关系企业技术相似性程度）作为衡量企业合作关系紧密程度的指标，以非合作关系的技术相似性程度作为衡量企业中立关系和竞争激烈程度的重要指标，构建了以政府创新补贴为自变量，企业技术创新能力势差为调节变量，网络密度为控制变量的多元回归模型，并利用 Eviews 软件对模型进行了检验。研究表明，政府创新补贴与企业合作紧密程度之间存在倒"U"型关系，而与非合作关系的技术创新相似性之间存在"U"型关系。技术创新能力势差对两种关系均具有显著的调节作用。

　　本书的研究，拓展了绿色创新研究的视角，丰富了现有对绿色创新领域研究的方法，重新界定了太阳能光伏产业绿色创新的概念范畴。本书的研究内容和研究结论可以为中国太阳能光伏产业绿色创新提供指导，亦可为其他产业绿色创新提供可借鉴的理论依据。

目录

第1章

绪　　论

绿色创新常被视作一个复杂的巨系统，受到来自系统内外部的多种因素影响。简单地假设其他因素不变，而探讨一个因素对绿色创新进程的影响，往往使研究结论与实际情况不相符。故而，厘清各影响因素之间错综复杂的关系是绿色创新相关研究中的重中之重。本章阐述了研究背景和意义、研究现状、研究内容、研究方法、研究技术路线以及主要创新点。

1.1　研究背景和意义

1.1.1　研究背景

长期以来，只顾追求工业产值和经济效益的片面发展观驱使人类盲目利用科学技术对自然资源进行无节制开发和消耗，因此引发了全球性的环境危机和资源短缺。例如，英国作为最早实现工业革命的国家，其首都伦敦曾因煤烟污染严重被冠以"雾都"的称号。除此之外，美国的工业中心城市，如芝加哥、匹兹堡等地的煤烟污染也相当严重。19、20世纪之交，德国工业中心的上空更是长期被灰黄色的烟幕所笼罩，严重的煤烟造成了植物枯死。2016年世界卫生组织（WHO）根据卫星测量、大气输送模型和全球100多个国家、3 000多个城乡点的监测数据，绘制并发布了全球空气质量地图。该地图显示，世界上92%的人口都生活在PM2.5超标的地区。而其污染的主要来源包括效率低下的运输方式、家用燃料和废物焚烧、燃煤电厂和工业活动。

中国尽管工业化起步较晚，但现如今也已成为全球主要工业大国之一。传统的技术创新方式在推动中国工业化进程、为中国带来经济提升的同时，也不可避免地带来了一系列环境问题。2016年全球环境统计数据显示，我国的环境排污强度已经远超历史上最高的两个国家——德国和日本，甚至是它们的2～3倍之多。时任环保部部长陈吉宁在十二届全国人大四次会议中指出，"中国面临着一个人类历史上前所未有的发展和环境之间的矛盾"。截至2016年，中国污染物排放量已经超出环境容量，300多个地级以上城市中80%未达到国家空气质量二级标准。长三角、珠三角，特别是京津冀地区，大面积雾霾频繁发生。

环境恶化使各国逐渐意识到，片面追求经济利益和工业产值终有一天将使得人们失去赖以生存发展的空间，而今唯有绿色创新才能够实现经济与环境和谐发展。

资本的无限扩张驱使人们对自然资源贪婪攫取，传统技术创新在给人类带来前所未有的物质财富增长的同时，也使能源短缺现象日益凸显。2016年《BP世界能源统计年鉴》的统计数据显示，2015年全球石油探明储量2 309.66亿吨，年消费约4 331.3百万吨，全球石油只可开采约50年。全球天然气探明储量186.9万亿立方米，年消费约34 686亿立方米，全球天然气只可开采约54年。全球煤炭探明储量8 915.31亿吨，年消费约3 839.9百万吨，全球煤炭只可开采约232年。可见，能源资源在为人类社会实现经济增长的同时，也成为影响当前经济增长的重要约束。

就中国情况而言，2000～2016 年以来，中国在经济高速增长的同时，能源消耗量也大幅增加。全球能源统计资料表明，中国已连续十五年成为世界上最大的能源消耗国。2016 年中国占全球能源消费量的23%，占能源消费量净增长的34%；在化石能源中，中国能源消费增长最快的是石油（+6.3%），其次是天然气（+4.7%）和煤炭资源（-1.5%）。尽管煤炭资源消费增长率有所下降，但其依然是中国能源消费的主导燃料，占比达64%。中国能源消耗量已经远超过其经济增长量。

如何缓解经济增长与高能耗之间的矛盾，逐步改善环境恶化等问题已经成为全世界面临的重大挑战。

2008 年 10 月，联合国环境规划署提出了全球"绿色新政"的发展观，力图通过提升各国的绿色创新能力，在全球建设可持续的社会经济秩序以实现人与自然和谐发展。中国在十八届三中全会明确提出，以"建设美丽中国"为目标，"深化生态文明体制改革，加快建立生态文明制度"，锐意推进生态文明建设。习近平主席多次强调绿水青山就是金山银山。"两座山论"具体阐述了"生态文明"发展观，也成为中国当今治国理政思想的重要组成部分。中国正逐步改变过去无节制开采资源、牺牲环境和廉价劳动力的发展观，开始走向从"以速度增长"转变为"以质量增长"的"新常态"经济发展道路。

值得注意的是，绿色创新、清洁能源成为时下热门话题，各国都在积极推进绿色能源的创新与发展。但就企业面对绿色创新态度来看，表现却迥然不同。例如，2010 年英国石油公司（BP）在美国墨西哥湾租用的钻井平台"深水地平线"发生爆炸，导致大量石油泄漏，酿成一场经济和环境惨剧。此次事件在国际社会引起了巨大反响，也在相当大的程度上增大了企业应该关注环境从而恪守道德的行为所面临的压力。受到来自社会舆论和日益严苛的环境规制的影响，企业不得不将绿色能源纳入长期战略当中来。为此，BP 公司花巨资开展可再生能源项目，与他国合作，积极参与能源领域，尤其是清洁能源和可再生能源方面的联合科技研发。它与中国科学院共同投资建立的合资企业的成立，标志着 BP 与中国携手进入实质性地研究及开发先进的清洁煤高效转化技术领域。但好景不长，近些年来，BP 公司陆续将其包括太阳能、风能在内的可再生能源业务进行出售，这也标志着昔日高调进军可再生能源的石油巨头正在悄然去"绿"。究其深层原因，主要是各国的可再生能源开发都必须依靠补贴，且相较于传统能源开采而言，可再生能源在短期内很难为企业提供丰厚利润。不但是可再生能源领域，其他领域的绿色创新也存在这样的问题，即绿色创新带来的环境绩效对经济绩效有挤出效应，这就导致绿色创新驱动力完全依靠市场指导还很遥远。

绿色创新是非常复杂的动态系统，而太阳能光伏整个产业链的绿色创新涉及绿色产品创新和绿色过程创新两个方面，因此其绿色创新活动就显得更为繁复。这就必然需要理论界和实业界站在全局的视角来统筹规划。

目前，针对企业的绿色创新活动，众多学者从各种视角研究了导致绿色创新行为各异的原因，也得出了一些有意义的研究结论。但是，多数研究并未将绿色产品创新和绿色过程创新活动分开研究，且对绿色创新影响因素的研究也仅局限于单个因素而忽略了各影响因素之间协同性作用。故而，在此基础上获得的研究结论经常无法对企业实际绿色创新行为做出合理解释。

鉴于此，本书站在生态系统的研究视角对太阳能光伏产业的生产与创新行为进行刻画，将太阳能光伏产业绿色创新分为研发清洁能源——太阳能光伏产品的绿色产品创新和太阳能光伏生产工艺"绿色化"的绿色过程创新两个方面，在对现有绿色创新影响因素相关文献进行梳理后，选取学者们普遍认同的绿色创新影响因素作为研究抓手，分析其在太阳能光伏产业绿色创新过程中发挥的作用，并进一步分析各因素之间的协同性，为厘清太阳能光伏产业绿色创新影响因素之间的关系提供指导，更为未来有效推进其绿色创新进程提出切实可行的建议。

1.1.2　研究意义

本研究具有重要的理论意义与现实意义，具体表现在以下几个方面：

第一，绿色创新概念的界定。绿色创新可以分为绿色产品创新、绿色过程创新以及绿色组织创新等三类。其中，绿色产品创新侧重于研发具有"绿色"特性的新产品，而绿色过程创新则强调可以降低环境污染的"绿色"生产技术和工艺流程，两者有实质上的区别。但已有研究鲜少将绿色产品创新和绿色过程创新区分对待，国内大多数更是将绿色创新与绿色技术创新的两个概念混为一谈。本书不同于以往多数研究中对绿色创新概念的使用，将绿色产品创新和绿色过程创新两个方面涵盖其中，然后从生态系统视角出发，对产业绿色创新行为进行定性刻画，并在后续研究中对两类绿色创新形式加以区分对待。这一界定无疑具有重要的理论与应用价值。

第二，绿色创新企业关系分类。现有研究中将企业创新关系分为"合作"或"竞争"两类，但现实中企业间还存在着一类既不合作又不竞争的关系，本书将这类关系定义为"中立"关系。然后利用中国太阳能光伏产业专利数据对这三类创新关系的存在性进行验证，并进一步指出了"中立"关系对企业未来合作创新伙伴选择的影响。因此，这一研究结果将对绿色创新企业关系划分与应用具有价值。

第三，多影响因素之间的协同性研究。尽管已有很多学者对绿色创新的影响因素开展了一系列研究，但研究的视角主要集中于单个因素对整个绿色创新进程的影响。少量文献中提出各影响因素之间存在着协同性，但却未能深入展开研究。因此，本书对比了单个因素以及两个因素协同作用时对企业创新关系的影响。显然，该研究方法和研究结论兼有重要的理论和应用价值。

第四，太阳能光伏产业绿色创新影响因素协同性实证研究。利用太阳能光伏产业绿色创新专利数据以及政府创新补贴数据对太阳能光伏产业政府补贴以及技术创新能力对企业创新关系影响进行实证分析，不但在理论上剖析各影响因素之间的协同作用效果，同时对企业选择合作创新伙伴具有现实指导意义。

1.2 文 献 综 述

1.2.1 基于文献计量学的绿色创新研究主题梳理

全球环境恶化已经成为人类面临的最大的经济与社会挑战。为了实现经济与环境的协调发展，绿色创新就成为企业的必然选择。本节分别对 WOS 数据库及中国知网数据库中已发表论文进行检索，利用文献计量学方法对国内外绿色创新研究主题进行梳理和分类概括。

1. 国外研究状况

以检索词 "TS = eco-innovation OR green innovation OR environmental innovation OR sustainable innovation" 对 WOS 数据库中发表的论文进行检索，共检索到论文 738 篇。采用 Citespace 软件对其全记录及其引文进行分析，得到以下结论。

（1）文献增长规律。从图 1 - 1 可以看出，国外绿色创新研究从 1998 ~ 2016 年 19 年间呈现逐年增长趋势，可根据其发展特点将其分为两个阶段：1998 ~ 2005 年、2006 年至今。从这两阶段发展来看，真正绿色创新受到广泛关注应起于 2006 年，这期间发表论文数量急剧增加，而对这一阶段文献进行研读后发现，2006 年以后高质量论文出现频率较高，可以视作绿色创新研究自此具有了实质性进步。

（文章总数）

图 1 - 1　WOS 数据库中历年发表文章总量

（2）期刊发表情况。按文献发表总量、总被引次数以及平均被引次数进行三个指标均衡分析后得到如表 1 - 1 所示的发表高质量论文排名前十位的期刊。

表 1 - 1　　　　　　　　发表高质量论文排名前十位的期刊

期刊名	文章总数	总被引用次数	平均被引次数
清洁生产杂志（*JOURNAL OF CLEANER PRODUCTION*）	168	468	2.79
生态经济学（*ECOLOGICAL ECONOMICS*）	32	410	12.81
技术创新（*TECHNOVATION*）	5	67	13.40
环境工程与管理杂志（*ENVIRONMENTAL ENGINEERING AND MANAGEMENT JOURNAL*）	13	25	1.92
工业生态学杂志（*JOURNAL OF INDUSTRIAL ECOLOGY*）	7	19	2.71
运输研究部电子物流与运输评论（*TRANSPORTATION RESEARCH PART E - LOGISTICS AND TRANSPORTATION REVIEW*）	1	18	18.00
可持续性研究（*SUSTAINABILITY*）	38	16	0.42

期刊名	文章总数	总被引用次数	平均被引次数
技术管理国际期刊（*INTERNATIONAL JOURNAL OF TECH-NOLOGY MANAGEMENT*）	6	16	2.67
能源政策（*ENERGY POLICY*）	20	15	0.75
可再生与可持续能源评论（*RENEWABLE & SUSTAINABLE ENERGY REVIEWS*）	5	14	2.80

（3）研究主题演变情况。对文献主题和关键词进行统计后，得到各关键词及扩展关键词的历年占比情况。对其进行分析后发现，2002年以前的研究主要集中在绿色创新相关概念上，研究视角较为单一。表1-2为历年绿色创新各称谓的出现频率统计表，由表可见，关于绿色创新的称谓主要包括"可持续创新""环境创新""生态创新""绿色创新"四个。就各称谓出现时间来看，"可持续创新""环境创新"的概念要早于"生态创新"，但近些年来"生态创新"的称谓却被更受国外学者们的青睐。而"绿色创新"尽管在1999年就被提及，但相较于其他三个称谓来说使用频率较低。值得注意的是，尽管"环境创新""可持续创新""绿色创新""生态创新"等概念出现的年代不同，但从表上可以看出，几种不同称谓一直并存于研究当中。

表1-2　　　　　历年发表论文中绿色创新各称谓出现频率

年份	eco-innovation	green innovation	environmental innovation	sustainable innovation
1998	0	0	0	1
1999	0	1	2	0
2000	3	0	2	3
2001	0	3	1	4
2002	2	0	4	2

续表

年份	eco-innovation	green innovation	environmental innovation	sustainable innovation
2003	3	0	7	2
2004	3	0	5	8
2005	2	0	8	6
2006	5	1	7	7
2007	8	2	4	17
2008	11	3	13	24
2009	15	6	16	22
2010	25	17	17	25
2011	30	19	17	24
2012	48	24	12	24
2013	38	31	24	37
2014	58	24	30	30
2015	79	33	26	36
2016	120	45	38	54
2017	145	65	59	61

另外，对文献中出现的关键词进行统计发现，2003～2008 年期间，关键词开始增多，但扩展关键词主要集中在"工业""产品发展""绿色""远景""绩效"等方面。由此可以推断 2003～2008 年期间，学者主要集中于对特定行业背景下的绿色创新绩效以及远景进行研究。2008 年至今，关键词与扩展关键词均增多，且各扩展关键词所占比例呈现出均衡性。在此阶段主要扩展关键词包括以下几个：表现、决定因素、系统、影响、政策、经验证明、观点、研发等几个方面。扩展关键词数量的增加说明绿色创新的研究逐渐呈现出多样化。

（4）研究主题聚类。当关键词数量较少时，通过关键词即可对该领域的研究主题进行总结，但当关键词繁杂时，很难厘清研究的主线。因此，本节选择了具代表性文献定性分析和相关性文献定量分析相结合的方法对主题进行分析。

首先，将发表人的文章数量和总被引次数作为考核作者的指标，对现有文献进行统计分析，最后筛选出绿色创新行业最具影响力的十位作者。通过对排名前十的作者所发表的论文进行研读，对其各自研究主题进行总结，以对绿色创新研究领域的主题形成基本认识，研究结果如表 1－3 所示。可以看出，十位作者对绿色创新的影响因素，如政府规制、企业创新外部压力以及企业创新内部驱动力进行了重点研究。其中，除政府规制以外，其他可能涉及的外部因素和内部因素均尚没有统一结论，依然处在探讨当中。

表 1－3　　　　　　　具影响力的前 10 位作者及其研究主题

作者	文章总数	总被引次数	研究主题
伦宁	7	256	离散选择模型（3），环境创新（3），政策（2），自动调节（1），整合产品策略（1），环境技术变革（1），领先市场（1），技术进步（1），风能（1）
霍巴赫	3	76	离散选择模型（2），自我调节（1），环境技术变革（1），环境规制（1），就业（1），环境创新（1），创新行为（1），生态创新（1），环境影响（1）
瓦格纳	3	73	生态创新（2），企业规模（1），管理系统（1），标签（1），市场研究（1），市场（1），可持续创新（1），创新扩散（1）
德尔里约	3	68	环境政策（2），生态创新（2），产业生态学（2），管理（2），政策（2），技术（2），污染（1），案例分析法（1），决定因素（1）
卡里略黑索令	2	61	环境政策（2），产业生态学（2），仪器（1），技术政策（1），生态创新（1），案例分析法（1），环境政策（1）
科诺拉	2	61	环境政策（2），产业生态学（2），仪器（1），演化经济学（1），产业生态学（1），技术政策（1），生态创新（1），案例分析法（1），环境政策（1）

续表

作者	文章总数	总被引次数	研究主题
雷默	1	59	管理系统（1），生态创新（1），离散选择模型（1），规则（1），成本节约（1），需求拉动（1），环境政策（1），环境影响因素（1），实证分析（1）
蒙塔尔武	2	51	技术变革（2），系统（2），绿色（2），可持续转变（1），环境变化（1），可持续创新（1），技术扩散（1），可持续商业模式（1），经济效益（1）
奎斯特	4	51	可持续创新（2），系统（2），持股者参与（1），可持续消费（1），电力驱动（1），城市发展（1），面向设计的情景（1）
布恩斯	2	50	可持续创新（2），技术变革（2），可持续商业模式（3），经济表现（1），竞争力（1），文献综述（1），研究议题（1）

其次，对已搜集到的所有相关文献中的关键词进行聚类分析，共得到 10 个主题如图 1 - 2 所示。10 个主题分别是：环境创新、外部因素、可持续创新、环境绩效、生态技术创新、企业模型、调节因素、批判性分析、采掘业、劳动力产业。提炼出的主题较精细，再对它们进行归纳分组后得到以下三大类：

第一类：创新类型。这一类中，文献主要对各种创新模式进行分类，或重点分析绿色创新在服务、产品设计、生产过程以及不同行业绿色创新的特殊性。

第二类：创新绩效。这一类中，文章主要关注绿色创新的环境，以及竞争力、市场价值等绿色创新经济绩效。

第三类：影响因素。这一类包含了所有旨在发现绿色创新的各类驱动因素的文献。这些文章主要关注影响绿色创新发展、实践以及应用的各类因素。

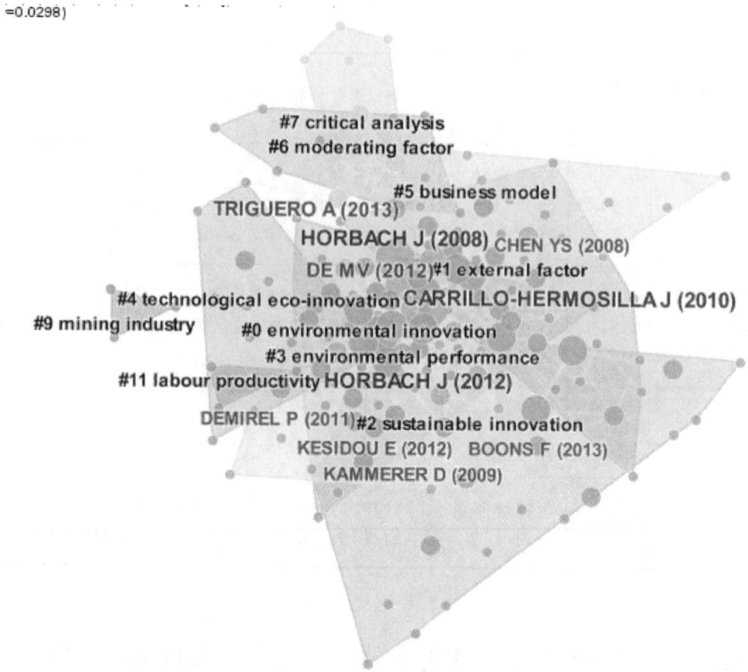

图 1 - 2　研究主题聚类

2. 国内研究状况

利用"主题=生态创新 OR 绿色创新 OR 环境创新 OR 可持续创新 OR 绿色技术创新"对 CNKI 数据库中的核心期刊以及 CSSCI 期刊进行检索，共获得 1 153 篇，并对其进行可视化分析。

（1）文献增长规律。国内绿色创新的研究基本与国外进度相当，总体趋势与国外相近似。1995 ~ 2016 年 21 年间绿色创新的研究呈现阶段性增长趋势，如图 1 - 3 所示，共分为五个阶段，即 1995 ~ 2000 年、2001 ~ 2003 年、2004 ~ 2006 年、2007 ~ 2010 年、2011 ~ 2016 年。2005 年以后尽管曲线出现多次波动，但再没低于先前水平情况出现。对此进行分析，认为主要是受国外学术界影响，以及实际环境保护迫切需要所引起的。

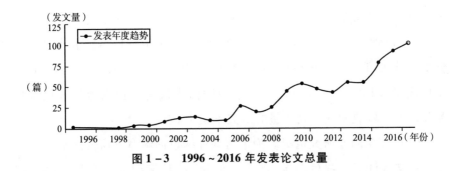

图 1 - 3　1996～2016 年发表论文总量

与国外研究趋势进行对比后发现，2008 年以来国内的发展势头稍逊于国外。从图上的曲线趋势可以看出，国内研究不够稳定，会随着研究热点的波动而发生研究重心转移的现象。

（2）期刊发表情况。按照论文数量排列，如图 1 - 4 所示，累计发表绿色创新相关文献 20 篇以上的期刊占 60%。而绿色创新论文多发表

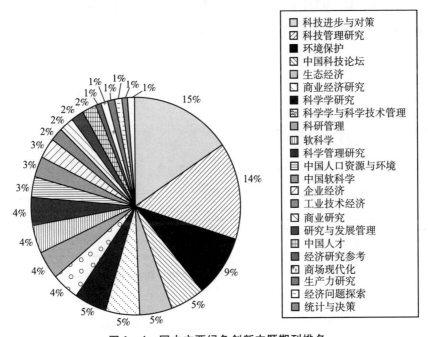

图 1 - 4　国内主要绿色创新主题期刊排名

于科技类和环境类期刊，其中，《科学学研究》《科学学与科学技术管理》《科研管理》《中国人口、资源与环境》《中国软科学》五本国家基金委认定期刊上发表的相关论文占比为 4.81%、4.42%、4.36%、3.41% 和 3.13%，合计 20.1%。这说明国内现有绿色创新研究仅有少部分发表于权威期刊，高质量的研究不集中。

（3）概念内涵研究情况。为了与国外绿色创新概念研究进展进行对比，本文统计了"绿色创新""生态创新""环境创新""可持续创新"以及"绿色技术创新"等关键词历年出现的次数，如图 1-5 所示。可以看出，"环境创新"和"绿色技术创新"两个概念出现较早，"绿色创新"的概念于 2003 年才广泛使用，但一出现就受到学术界一致认同。从发展趋势来看，尽管"可持续创新"和"环境创新"概念一直存在，但应用一直较少，发展趋势起伏不大。而"绿色创新""绿色技术创新"和"生态创新"的概念发展迅速。值得注意的是，相较于国外，"绿色创新"这一直译的称谓在国内更被认可。因而，本文也选用"绿色创新"这一概念进行后续的研究。

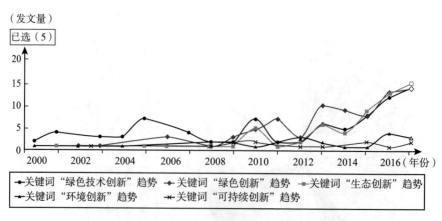

图 1-5　CSSCI 和核心期刊数据库中绿色创新概念研究进展

（4）研究主题分析。1995~2016 年间，尽管绿色创新的定义变化很大，但降低环境影响、可持续发展、保护自然资源、传统产品、过程创新以及创新管理实践等概念不断重复出现在绿色创新的研究当中。对全部关键词进行聚类，以提取国内绿色创新领域研究主题，如图1-6所示。

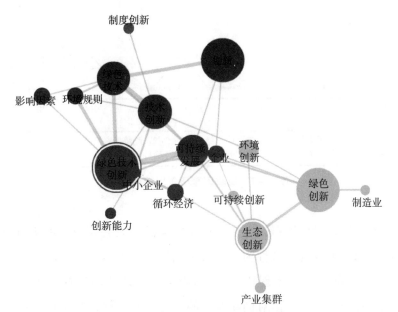

图1-6 关键词共线及聚类分析

当聚类系数为3时，聚类效果良好。对三类主题进行总结如下：

第一类：绿色创新绩效。这一类中的文献主要以中观视角对产业集群或制造行业中的绿色创新效果进行研究。

第二类：制度创新。这一类中的文章主要关注绿色创新中的制度创新问题。这点与国外研究主题不同，很大程度上与我国特有的国家制度有密切关系。

第三类：影响因素。这一类中的文章关注所有旨在推动绿色创新的各层次影响因素。

可见，无论是国内还是国外，绿色创新影响因素的研究都是非常重要的一个主题。在对文献中涉及的绿色创新影响因素进行分析可以看出，环境规制近些年来呈现直线上升趋势，而关于创新能力、影响因素主题的研究波动较大，如图1-7所示。

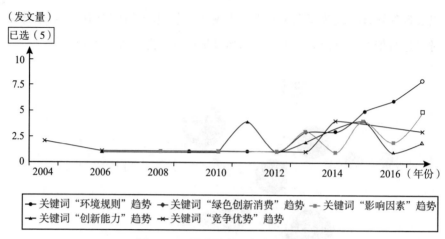

（发文量）
已选（5）

图 1-7　影响因素历年出现频次

综上可见，绿色创新是一个涉猎非常宽泛的研究领域，由于研究视角不同，绿色创新也常被称为"环境创新""可持续创新"以及"生态创新"。国外常用"生态创新"，而国内近期普遍使用"绿色创新"的说法。尽管表述不同，但对创新对象的界定几乎一样，只是描述精度上的微小差异，因而几种说法可以互换。另外，国内外就绿色创新的研究主题大致相同，尤其绿色创新影响因素的研究受到国内外研究学者广泛关注，成为绿色创新主要研究部分。

1.2.2　绿色创新概念研究

绿色创新是一个很宽泛的概念，不同学科背景的研究者们从不同视角对绿色创新开展研究，也使得绿色创新的称谓尚未统一。目前为止，国内外关于绿色创新常用的称谓有以下四种，包括"可持续创新""生态创新""环境创新"和"绿色创新"。西塞德里等人（Sciederig et al.）对"可持续创新""生态创新""绿色创新""环境创新"等概念进行对比分析后指出，"可持续创新"关注对经济、生态和社会等三方面的影响，而后三者主要关注经济和生态影响[1]。

国外最早关于绿色创新的认识始于 1987 年，布伦特兰向联合国提交了名为《我们共同的未来》的报告，报告中首次提出了"可持续创新"的概念，并将其定义为，即满足目前的需求但又不损害子孙后代需求的能力。可持续发展的概念意味着限制，但不是绝对的限制，而是在现有环境资源和生态吸收能力基础上，实现经济发展同时获取环境友好效果的相对限制[2]。基于这一宏观层面的概念，迪利克（Dyllick）和霍克茨（Hockerts）提出了微观层面的概念，并指出可持续创新可以理解为企业通过系统管理，努力平衡环境、社会和经济目标，最终减少对自然环境和社会的伤害，甚至增加环境和社会效益[3]。

可持续发展作为人类的共同愿景，具有内容宽泛和目标长远的特性[4]，国内学者在布伦特兰定义基础上，提出了企业可持续创新的四个基本评判标准[5]：

（1）绿色准则。企业可持续创新应具有生产过程节能、降耗、减少污染或降低、消除所提供产品的有害物含量或环境污染等绿色特性。

（2）时间可持续性特性。企业的这类创新行为应具有持续性，一般在 10 年以上，至少是 5 年。

（3）利润持续性增长特性。企业的这类创新不但可以限制环境资源的利用，还要同时实现企业利润的持续性增长。

（4）企业可持续发展特性。企业的这类创新行为应能够实现企业的可持续性发展。

国内外关于可持续性创新的认识侧重点有所不同。国外学者从社会学和环境学角度强调创新行为或产品对环境的影响以及对人类生活和生存发展的影响，而国内学者则从经济学和环境学视角强调创新行为对企业利润增长的影响。另外，国内学者更加关注这类创新活动的持续性和长效性。

也有学者使用环境创新的概念，如詹姆士（James）首次将价值论的观点引入环境创新的研究中，并提出环境创新是研发新产品、创新生产流程和服务的过程，这一过程不但能够为顾客和企业带来价值，同时能够显著改善环境影响[6]。肯普（Kemp）认为组织创新是技术创新的必要条件，因此，他将环境创新定义为一种系统性创新。在该创新过程中不但要关注产品、技术或工艺的创新，也要关注企业组织结构、例程和管理流程的变化[7]。戴鸿轶同样认为环境创新不单单是一种环境友好型的产品、环境技术或工艺的创新，还包括了与之相关的组织、制度和管理的创新[8]。中国环境与发展国际合作委员会环境创新课题组将环境创新的概念扩展到社会和制度创新等领域，包括公众参与方式的创新、体制创新、环境教育体系的创新等，同时还强调了国家层面公共环境技术创新的重要性[9]。

尽管环境创新的概念是该研究领域中的重要概念，但 2005 年以来，生态创新的概念更加频繁地出现于科技期刊中。经合组织（OECD）在 2010 年的名为《可持续制造和生态创新：框架，实践与测量》报告中认为只要能够削减对环境的威胁，降低污染，减少资源利用的负面效应，无论这些活动是有意还是无意，这一系列新产品、应用或产品研发、服务、生产过程、企业的组织管理框架或方法均可以被称为生态创新[10]。目前为止，大多数学者主要从其对环境的影响和创新者动机两种视角对其进行定义。莫雷诺（Á. González - Moreno）[11]对具有代表性的几种定义总结如表 1 - 4 所示。

表 1 - 4　　　　　　　　　　生态创新的几种代表性定义

作者	视角	定义
弗斯勒（Fussler）和詹姆士（James）[12]	影响	可以提升客户及企业价值的同时显著改善环境影响的产品、工艺或服务创新过程
希梅尔斯坎普（Hemmelskamp）[13]	影响	有助于防止或减轻人为对环境的负担，清除已造成的损害，或诊断和监测环境问题的创新
伦宁（Rennings）[14]	创新动机	基于可持续发展的创新活动

续表

作者	视角	定义
查特（Charter）和克拉克（Clark）[15]	创新动机	将可持续发展贯穿于思想产生、研发和商业化的整个过程的创新活动
肯普（Kemp）和皮尔森（Pearson）[16]	影响	生态创新是指组织内全新的产品、产品创新或同化过程、产品生产过程、服务或者管理方法，这一系列新产品新方法相较于其他可替代品来说可以为组织降低环境风险、资源污染等负面影响
里德（Reid）和米丁茨基（Miedzinski）[17]	影响	创造出全新的而且更具竞争力的产品、过程、系统、服务和程序，这一产品或过程不但可以满足顾客需要，提高人类生存质量，同时还可以实现自然资源生命周期内利用率最低以及有毒物质排放量最小
福克森（Foxon）和安徒生（Andersen）[18]	影响、创新动机	生态创新实践不单是降低碳排放技术的应用，还包括对新知识（如价值观、规则和能力）的创造和应用，和对传统实践的突破
欧洲委员会	影响、创新动机	任何旨在实现可持续发展，并能够显著改善环境影响或实现资源高效利用的任何创新活动
卡里略黑索今（Carrillo-hermosilla）[19]	影响	生态创新是系统的、技术的或社会的改变过程，这一过程中包括为改善自然环境而诞生的新想法以及这个想法的实践过程
奥尔特拉（Oltra）和圣吉恩（Saint Jean）[20]	影响	生态创新是对环境可持续性有贡献的创新，它包括新的或改进的生产流程、系统或产品
卡里略黑索今（Carrillo – Hermosilla）等[21]	影响	用以改善环境效能的创新活动
生态创新观测台	影响	生态创新是指在整个生命周期中能够减少对自然资源（包括材料，能源，水和土地）的利用，降低有害物质排放的任何新的产品（产品或服务），生产流程，组织结构或市场解决策略

　　有别于国外学者，国内学者更多使用"绿色创新"和"绿色技术创新"的概念，且绿色技术创新概念使用频率更高。1999 年陈华斌在《试论绿色创新及其激励机制》一文中将绿色创新归纳为五个方面的创

新，即环保观念、环境治理技术、绿色产品、无公害生产以及环境—经济一体化制度的创新[22]。李海萍等从其可持续性这一特点出发，对熊彼特的创新理论做出一定扩展后，将绿色创新定义为，企业在一个相当长的时期内，持续不断地推出、实施旨在节能、降耗、减少污染、改善环境质量的创新活动，这类创新活动包括绿色产品、市场、制度、工艺、组织等方面的创新[23]。刘焰强调"绿色"不仅仅是一种颜色的表述，还包含两层含义：其一，是对生态环境的友好属性。其二，是对社会环境的友好属性。这也是绿色含义的拓展属性，包括符合整个社会价值观、伦理道德观等内涵[24]。李广培等对 2011～2015 年国内绿色创新领域研究的文献进行梳理，指出我国在该领域的研究主要集中的企业新的影响因素、绿色创新的效率、绿色创新对企业经营绩效和经济增长的影响、绿色创新的策略等几个方面[25]。

通过对可持续创新、环境创新、生态创新以及绿色创新的定义进行对比后可以发现，四种概念研究视角差异微小，研究内容属于同一个领域，因此学者们也常常将它们替换使用。如伯诺尔（Bernauer）等在分析环境规制对绿色创新的影响时，同时使用了绿色创新、环境创新等不同表述方式[26]。张钢等人指出目前关于绿色创新尚无一个统一的定义，其对四种概念进行研究整理后，归纳出绿色创新的三类定义。第一类基于对环境的影响视角，将绿色创新定义为降低环境损害的创新活动；第二类将绿色创新视作为引入环境绩效的创新；第三类将绿色创新等同于环境创新或环境绩效的改进[27]。

综合来看，学术界目前比较认可的定义来自 Kemp，即绿色创新是"包括因避免或减少环境损害而产生的新的改良的工艺、技术、系统和产品"。从企业层面来说，这一创新使经济效益与生态效益相互协调，通过获得绿色竞争优势，实现自身的可持续发展。本书将沿用 Kemp 提出的绿色创新的概念进行后续研究。

1.2.3 绿色创新影响因素研究

对于绿色创新影响因素历来是绿色创新研究主题中受学者关注较多的一个方面。实业界和学术界都迫切地希望通过剖析绿色创新影响因素而制定有针对性的创新策略，进而推动绿色创新的发展。迪亚斯—加西亚等人（Díaz - García et al.）构建了一个三层（即宏观、中观和微观三个层次）的绿色技术创新驱动力理论框架[28]。其中，宏观层次主要包括政府规制、政府补贴，污染税等，中观层次包括企业合作关系、知识共享等，微观层次包括降低成本、企业技术创新能力、网络关系、组织管理等方面。尽管该框架中包含的影响因素众多，但其发挥的效力却有所不同。本书借鉴其理论框架，对已有绿色创新相关文献进行梳理，并对文献中涉及的绿色创新影响因素进行归纳总结如下：

1. 宏观层的影响因素

在关于绿色创新驱动力的研究中，学者们一致认为政府规制对绿色创新有正向影响，绿色规制可以促进绿色创新在企业间快速扩散[29]。波特假说认为，环境规制能够激励创新并且能够使企业提升竞争力的同时降低环境污染[30]。尚等人（Sang et al.）研究了政府信誉风险对企业绿色创新资源投入的影响[31]。阿加瓦尔等人（Aggarwal et al.）就污染排放情况进行了研究[32]。努鲁纳比（Nurunnabi）研究了政府监管对企业提升环保责任的影响[33]。多兰（Doran）和赖安（Ryan）认为绿色创新与企业利润率增长之间不存在着制衡关系，因此政府可以激励经济增长的同时构建一个更加绿色环保的社会[34]。维格勒（Veugeler）在其研究中谈道：首先，仅仅依靠个体的绿色创新行为无法应对降低温室气体效应这一巨大挑战，还需要政府对环境与企业外部知识进行调节和整合；其次，企业创新行为受到来自市场需求、环境自律准则和政府生态政策等多方面的影响，唯有政府加以政策干预才能够引导企业进行绿色创新活动。为此，他对佛兰德斯的企业进行了调研，并利用实证方法验证了以上两个观点，即政府补贴可以有效地激励企业开展绿色创新活动[35]。威廉姆僧（Williamson）和林奇（Lynch）提出，尽管企业面对特定的环境监管形式时表现出的行为有所不同，但就效果来看，无论是更加温和的规制形式还是更加直接的规制形式都可以有效的引导企业绿色创新[36]。布鲁亚（Brouillat）和奥尔特拉（Oltra）重点分析了与绿色创新相关的回收费用、政府税收补贴和法制规范对新产品开发的作用，研究结果显示，税收补贴和法制规范可以刺激企业改进产品设计方案，推进绿色创新在企业中快速发展[37]。霍巴赫等人（Horbach et al.）对德国CIS（Community Innovation Survey）7 061家企业的数据进行实证分析后发现政府补贴对绿色创新具有显著正相关性[38]。朱建峰等认为绿色创新"双重外部性"的存在，使得仅仅依靠市场本身推动绿色创新远远不够，绿色创新动力会随着政府奖惩力度的加大而提高[38]。

尽管环境规制已经得到广泛研究，但依然存在一系列值得进一步深挖的问题。例如，什么样的环境规制最为有效？预期的环境规制对绿色创新是否有影响？希门尼斯等人（Jimenez et al.）对西班牙126家企业绿色创新行为进行观测，利用结构方程分析了环境规制对企业绿色创新行为的影响，结果显示环境规制并不是对所有企业的绿色创新行为都起到积极促进作用。即使处在同一行业中，环境规制策略在不同企业中效果也各异。对那些发生环境规制失效现象的企业进行更进一步研究后认为，只有能够让企业各管理层都意识到绿色创新必要性的环境规制，才能够使得企业从根本上改变原有创新模式而转向绿色创新。换言之，政府环境规制效果还受制于企业家绿色创新精神[39]。克雷维茨等人（Klewitz et al.）发现推动中小型企业绿色创新不单单需要政府从环境规制给予支持，还需要企业和社会从顾客需求层面到更加松散的企业关系网络层面等不同层面给予支持[40]。

同处于该层次的绿色创新影响因素还包括国家背景和区域因素。奥西帕克布利卡等人（Ociepakubicka et al.）指出，不同国家实施绿色创新的困难程度有所不同，例如，波兰等欧洲国家企业数量不足，实施绿色创新水平不够。在这样大背景下企业对其他影响因素表现出的敏感性也会有所不同[41]。霍巴赫（Horbach）指出以往研究由于缺少实证数据而忽略了对绿色创新区域因素的分析。他认为，相较于其他创新形式，绿色创新更需要来自外部的知识。因此，企业与区域内外部知识来源（如研究中心和大学）的接近程度成为决定绿色创新成功与否的一个重要因素[42]。马赞蒂（Mazzanti）和佐博利（Zoboli）也指出，区域内的创新密度、知识溢出程度等因素都会影响到区域内的绿色创新绩效[43]。夏皮罗（Shapiro）同样认为区域外的知识溢出对绿色创新非常重要，因为知识溢出可以通过市场竞争直接影响企业的进一步创新，进而推动企业技术进步[44]。陈（Chen）通过构建指标测度体系，对2000~2014年间中国30个省份的区域绿色创新水平进行评价，研究发现，中国东部、中部和西部地区的绿色创新水平存在着明显差异性[45]。

2. 中观层的影响因素

在这个层次中，多数学者的研究集中在影响企业绿色导向的外部因素，如与其他企业、权威机构以及研究机构之间构建合作网络。霍巴赫（Horbach）从系统动力学和行为学的视角，分析了企业与其他竞争对手、顾客、供应商以及公共机构之间的合作关系对绿色创新的影响[46]。皮佩尔（Pippel）对德国2 337家企业相关数据进行回归分析后发现，与同一集团中的其他企业、供应商、客户等进行合作对绿色创新具有正向影响[47]。马尔基（Marchi）在皮佩尔的研究基础上，对西班牙制造业技术创新相关数据进行计量分析后得到了同样的研究结论[48]。卡伊内利等人（Cainelli et al.）将企业绿色创新合作对象进行了细分，并对艾米利亚－罗马涅大区的企业进行调研后发现，与学校、供应商的合作促进了这个地区的企业绿色创新进程[49]。特里格罗等人（Triguero et al.）发现，唯有重视与研究机构、大学之间的合作，才能够开展各种类型的绿色创新活动[50]。

为什么合作关系网络可以推进企业绿色创新发展进程？带着这个疑问，部分学者对企业构建合作网络的深层原因进行了挖掘。霍巴赫指出，由于绿色创新相较于传统技术创新需要更多的外部知识，为此企业间更容易构建网络关系以便知识交流[51]。哈利拉（Halila）和伦德奎斯特（Rundquist）认为，尽管合作关系网络具有多种功能以支持创新者获得成功，但相较于传统创新者利用关系网络获得金融支持和市场，绿色创新主要依靠合作关系网络获得技术创新解决方案[52]。恰尔尼茨基（Czarnitzki）和热滕罗特（Hottenrott）对中小规模企业的绿色创新进行研究后，指出地方中小企业由于经常缺乏资源和激励，造成其在绿色创新过程中缺乏动力[53]。而企业关系网络可以部分弥补因企业规模小而造成的资源匮乏等缺陷，最终成为绿色创新的重要驱动力[54]。克雷维茨（Klewitz）等研究指出，通过与企业之外的其他绿色创新参与者频繁沟通，中小型企业可以不断重塑它们的技术创新流程，进而提升其绿色创新能力[55]。卡伊内利等人（Cainelli et al.）研究中指出，企业间关系网络作为企业绿色创新外部影响因素同样对企业内部的技术创新能力具有促进作用，因此，企业间关系网络对绿色创新企业技术与行业整体创新水平的协同性具有纽带作用[49]。罗姆（Roome）在其研究中指出，合作关系是解决绿色创新的关键因素，借助与外界的合作，企业可以获得各种资源、知识以及解决问题的能力[56]。卡伊内利等指出，合作是绿色创新过程中企业广泛采用的策略。利用与其他企业以及研究机构形成的合作网络，合作成员间可以进行知识共享和交流，进而获得创新能力的提升[57]。通过与关系网络中其他实体进行合作和竞争，可以推动企业创新和技术部门知识和能力的提升[58]。弗朗哥等人（Franco et al.）同样认为绿色创新企业关系网络中知识溢出现象更加明显和普遍，知识在网络内的流通对企业提升创新能力有正向影响[59]。王（Wong）指出企业间网络关系实现了知识的共享，两者对企业满足绿色需求均具有正向影响[60]。

另一个重要的因素是行业特征[61]~[63]。例如，化工行业通常被认为是污染最严重的行业之一。在维护环境友好性的大前提下，确保按照规程安全生产运输，对其产出物进行处理，对当今化学工业的形象和名誉是至关重要的。大多数化工企业都在开发和引进绿色创新，以期扭转这一负面形象[64]。从这个意义上说，化工行业也经常被看作最有潜力推动生产实践，扭转环境污染负面形象的行业[65]。此外，汽车行业的产品设计以及绿色创新潜力也是众多学者的研究对象[66,67]。

除此之外，还有部分学者认为可获得融资情况[52,68,69]、市场需求[34,70-73]、"压力集团"[68,74]也是推动企业进行绿色创新的重要因素。

3. 微观层的影响因素

微观层主要是从企业自身视角分析影响其绿色创新的因素，基弗等人（Kiefer et al.）认为，绿色创新通常是由企业层面（包括内部管理和组织惯例）引起的巨大影响，进而导致产品或者生产过程的变化[75]。因此，企业拥有的创新资源和能力获得了学者们的普遍关注。霍巴赫[46]、克斯窦（Kesidou）和德米雷尔（Demirel)[76]分析了企业组织和管理能力对推动绿色创新的影响，而蒙德哈尔等人（Mondejar et al.）从企业技术吸收能力的视角分析了信息扩散和企业技术吸收能力对绿色创新的影响[77]。尽管研究视角不同，但以上作者均认为，这些影响因素都可以帮助企业获得外部资源，因此对绿色创新都具有正向影响。

而企业技术创新能力是否对绿色创新具有显著影响，目前文献尚未有明确的共识。部分学者认为，企业创新能力是推动可持续发展和生态创新的重要动力[78]。塞加拉等人（Segarra et al.）通过对专利以及技术引进总支出的分析，发现两者对绿色创新的走向有明显影响[67]。霍巴赫同样指出，通过研发可以改善技术创新能力（知识能力），进而刺激绿色创新发展[46]。但也有学者持相反的态度，如卡伊内利等人（Cainelli et al.）发现相较于外方直接投资、合作网络等因素，技术研发能力对绿色创新的影响并不显著[79]。库尔瓦等人（Cuerva et al.）认为，在低科技行业中，技术创新能力会影响传统创新水平，但对绿色创新却无明显影响[69]。

综上所述，现有研究为深入探讨绿色创新影响因素提供了可能性，但已有文献针对绿色创新影响因素的研究结论并不完全一致。另外，这些研究大都只考虑了单个因素对绿色创新的影响，整体缺乏对影响因素之间协同性的探讨。绿色创新过程是一个动态复杂系统，它是由来自企业内部和外部的多种因素协同作用形成的。克斯窦和德米雷尔就曾在其研究中指出，绿色创新过程中，政府规制在不同技术创新能力的企业中发挥的效力不同，并将企业技术创新能力与政府规制的协同性研究作为其未来的研究方向[76]。蔡（Tsai）也在其研究中提到，创新能力会因政府环境创新补贴不同而在绿色创新过程中发挥不同的影响力[80]。本文将延续克斯窦和蔡的研究思路，对企业技术创新能力、政府创新补贴协同作用下对另一种影响因素——绿色创新企业间关系演化的影响进行分析。

1.2.4 太阳能光伏绿色创新影响因素研究

太阳能光伏产业属于技术密集性的产业，其创新水平直接影响着产业的发展速度，决定着其在国家产业结构体系中的所处的地位。何宁和武忠提出了光伏企业技术创新要素并按照权重对其进行排序，研究结果表明，企业家创新精神、政府创新补贴以及完整的创新链是光伏技术创新的最大动力[81]。还有部分研究涉及产学研创新模式、产业集聚效应几个方面，但研究尚不深入。截至目前关于太阳能光伏绿色创新影响因素的研究主要还是集中在政府补贴方面，多数学者通过案例分析和数理模型探讨政府政策工具种类以及其有效性。以下对已有研究中提及的太阳能光伏绿色创新影响因素进行归纳总结。

第一，政府补贴。依据波特假说，绿色创新具有"双重外部性"特征，这就需要采取一系列有针对性的政策以激励企业在获得经济效益的同时实现节能减排、开展更具环境友好性的创新活动。因此，政府规制对企业绿色创新行为具有显著影响。但对现有研究成果进行分析后发现，国内外学者关于政府财政补贴的作用呈现出两种截然不同的观点。一类观点认为，政府财政补贴能够带动企业技术创新。曼斯菲尔德（Mansfield）通过对 78 家美国高新技术产业中企业的创新行为进行分析后发现，每当政府创新补贴增加 1%，将带动企业创新投入增加 0.06%[82]。另一类观点则认为，政府补贴政策对企业创新影响较小，有时甚至会产生一定的负效应。

　　而就太阳能光伏产业的绿色创新而言，多数学者认为，切实可行的创新补贴制度可以激励太阳能光伏产业积极开展绿色创新活动。例如，胡忠良等认为政府创新补贴对企业创新具有一定效果，但增大政府补贴数额并不一定能够提升企业创新绩效。当前，政府创新补贴提高与企业自身技术创新热情不足之间的矛盾依然是困扰政府的主要问题。[83]高楠在其研究中指出，尽管加大科研创新补贴可以提高光伏产业的创新能力，但政府的创新补贴机制尚待完善。政府应利用充分的资金支持技术领先企业，对发展前景不好或者技术创新能力较弱的企业应尊重市场优胜劣汰的发展规律，减少对技术创新补贴的不必要浪费。[84]周旭同样认为政府的创新补贴总体上对光伏产业技术创新具有激励作用，但效果有限，无法实现与技术创新能力的同步增长[85]。郁建兴对两个光伏企业进行案例分析，考察了政府财政补贴对光伏企业技术创新能行为的影响，研究表明，政府对生产投资的过度鼓励无法推进企业技术创新，使创新动力不足，创新效果不够显著[86]。可见，太阳能光伏产业中政府创新补贴的必要性已得到国内外学者的广泛认同，但补贴数量以及有效性问题仍值得深入探讨。

　　第二，产学研合作创新。虽然太阳能光伏产业在中国获得蓬勃发展，但其技术创新能力在全球仍处于较低水平。例如，多晶硅提纯技术仍然是困扰着我国绝大多数光伏产业的瓶颈性技术，始终未能在此有大的突破，核心技术空心化是光伏产业亟待解决的问题。而合作创新可以促进个体之间的知识流通，通过合作实现技术共享、人员流动，无疑对加速技术创新、提高创新水平具有重要作用。黄蕾在研究中指出，在太阳能光伏领域推进产学研合作创新可以打造产业链创新协同机制，以产业链技术创新推进产业发展[87]。王飞也谈到，任何创新都依赖高校科研院所与企业的密切合作，而目前光伏产业的产学研合作尚处于初级阶段，严重制约了太阳能光伏产业创新速度和创新水平[88]。

　　第三，产业集聚效应。光伏产业在中国迅速崛起，在空间上呈现集聚分布形态。产业聚集迅速形成产业集聚效应，使企业可以通过投入劳动力共享、产出关联、知识溢出等方式获得收益，进而提升企业技术创新能力，而海归人才的知识溢出效应在很大程度上亦是产业集聚外部性的一种表现[89]。

1.2.5 创新生态系统

创新生态系统作为一个新兴研究领域备受国际学术界关注。霍尔格松等人（Holgersson et al.）在他们最新研究成果指出，关于竞争力和可适应性的讨论需要扩展到创新生态系统及其竞合行为者关系这样更大的背景中来[90]。摩尔（Moore）指出，创新生态系统是指在生态系统中，各企业围绕一项创新而共同演化各自能力，他们通过协作和竞争的工作方式来支持新产品，满足客户需求，最终实现下一轮创新[91]。完整的创新生态系统不但包括创新主体及其之间的紧密联系和有效互动，参与创新的劳动、知识、资本、技术等各种创新要素也会在各创新主体之间流动和溢出，在此基础上，创新主体基于共同的愿景和目标，共同建立以"共赢"为目的的创新网络，最终实现共创、共赢与共享[92]。

罗素等人（Russell et al.）认为创新生态系统是一个开放的非线性复杂系统，具有改变网络中参与者多方面动机、高反馈适应性和持续结构转换的特征[93]。绝大多数学者认为创新生态系统由两个子系统构成，即知识生态系统和商业生态系统。这两个组成部分（知识生态系统和商业生态系统）在很大程度上是独立的，而且是截然不同的。究其原因，主要在于两者潜在驱动力不同。第一，知识生态系统旨在产生新知识，而商业生态系统主要旨在为公司和客户创造价值。因此，知识生态系统通常以大学或科研院所为中心，而大公司是商业生态系统的领导者[94]。第二，商业生态系统通常被视为市场驱动的（主要为供应链或价值链），以追求成本降低和质量改进[95]。此时企业的逐利性本能成为支配企业行为的主要动因[96]，尽管这些追求需要创新，但它们通常不涉及知识生态系统在寻求使用新技术来创造新的用户利益时通常考虑的那种激进或破坏性的创新[97]。尽管如此，两个子系统之间存在的交互和动态变化值得学者们更进一步的研究[98]。例如，知识可以通过知识创造者（如大学、研究所、国家实验室）的知识溢出对业务生态系统中的商业参与者（如公司、分销商、客户）作出贡献。同时，商业生态系统可以通过需求反馈来为知识创造者提供价值主张和创新导向[99]。鲍勃等人（Bob et al.）认为创新生态系统的成功不仅取决于参与者自身的价值创造过程，更来自更广泛的社会技术环境，唯有将两者进行有机整合才能够促成参与者在创新生态系统健康生存[100]。罗等人（Luo et al.）[101]将创新生态系统抽象为由于技术依赖而连接在一起的企业关系网络，并在 NK 模型框架下对该网络的演化情况进行评估。仿真模拟结果表明，虽然企业的影响多样性可以促进生态系统的演化，但其影响力度限制了生态系统的演化进程。

产业创新生态系统的研究内容主要集中在两方面[102]。一是创新群体之间的行为关系。例如，尼希诺等人（Nishino et al.）基于参与者之间的间接互惠和平衡理论建立了一个合作伙伴战略选择和演化的合作网络。这个合作网络既可以演化也可以崩溃，一些网络甚至在成功之后就消失了。这些不同的行为受到参与者的能力和合作伙伴战略模仿的影响[103]。欧忠辉等人[104]构建了核心企业与配套组织（上下游企业、用户、产学研机构、其他中介机构等）之间的共生演化模型，分析了互惠共生、寄生共生和偏离共生等共生演化模型的均衡点及稳定性条件。二是系统的运行规律、影响因素和演化发展等。例如，陈和荣等[105]分析了中国新兴风力涡轮机产业创新生态系统的协同创新网络的动态特性与进化过程，并探讨了不同阶段的技术累积、本地化模式以及不同主体之间作用关系和演变驱动力。李恒毅等人[106]通过对典型产业联盟案例进行研究后发现，新技术创新生态系统构建过程中，组织资源、网络资源、系统资源是相互作用，共同演化的关系。包宇航[107]以阿里巴巴为案例，分析了创新生态系统的特性及其演化过程，并指出在创新系统演化发展过程中所形成的资源整合机制、商业模式创新机制、技术创新机制、能力集成机制、耦合机制、竞合机制六种机制是企业生存与进化的根基。王宏起等人[108]通过对比亚迪能源汽车创新历程进行考察，提出其创新生态系统的演进内在机理是创新链和采用链的协同机理，并且是在创新驱动力、需求拉动力和政策引导力的综合作用下实现的持续演进。阿德纳（Adner）和卡普尔等人（Kapoor et al.）[109]则提出了"网络结构论"，认为在价值创造过程中，创新生态系统呈现为以核心企业为中心的输入输出网状结构，上游供应商向核心企业输入产品组件，核心企业将产品组件进行处理后得到创新产品，输出给用户，即客户端被输入了互补品。李妍等人[110]指出在创新生态系统演化过程中，政府施展着不可或缺的效用，在一定水平上掌握着系统的进化和退化。创新链、产业链和价值链是创新生态系统关键的三个链条，政府在这三个链条中起着不同的作用，需要制定恰当的政策工具组合以推动创新生态系统的有序演化。吴等人（Wu et al.）的研究表明，当产业资源有限，吸收能力较差情况下建立创新生态系统时，"土壤移植"机制是非常必要的[111]。

1.2.6　研究现状述评

经济发展在给人们生活带来便利的同时，也因资源消耗而引发了一系列环境问题。全世界都意识到如何实现可持续发展已经迫在眉睫。中国共产党第十九次全国代表大会工作报告中指出，"必须坚持节约优先、保护优先的方针，形成节约资源和保护环境的产业格局、生产方式和生活方式，不断推进绿色发展。"全面实现绿色发展以及环境友好的产业格局和生产方式需要从源头抓起，从原材料使用到生产加工以及仓储配送再到最终消费形成一条绿色产业链。绿色创新是实现全社会绿色发展的必要手段。

对国内外绿色创新的相关文献进行搜集、查阅和整理后，利用文献计量学方法对绿色创新相关文献中的主题词出现频率进行统计，并利用聚类方法对众多主题词进行分类整理后总结出国内外关于绿色创新的若干研究主题。研究发现，国外学者主要关注创新类型、绩效以及影响因素三个方面，国内学者关注点主要集中在环境绩效、制度创新以及影响因素三个方面。显然，国内外对绿色创新主题的研究大体相当，但也存在差异。其不同之处在于，国外学者结合不同产业特点对绿色创新的类型进行了更加细致地研究，而国内学者更多的是国家制度的大背景下研究如何更有效地开展制度创新。相同之处在于，国内外学者一致将影响因素研究作为绿色创新的主要研究视角。

依据绿色创新研究主题，对绿色创新的概念及其使用情况进行分析，结果发现，截至目前关于绿色创新的定义尚没有一个统一的说法。该研究涉及环境、经济、社会等多个方面，众多学者分别从自身研究视角出发，对其进行定义，绿色创新也常被称作"生态创新""环境创新""可持续创新"等。尽管称谓不同，但仅是描述精度上的差异，故四个概念常常被替换使用。但国内对绿色创新的概念使用较为混乱，除以上四个概念外，还常常将"绿色技术创新"与其混为一谈。事实上，用绿色技术创新代替绿色创新，存在着以偏概全的问题。另外，概念范畴混乱还会影响研究者的研究视角，带来研究领域受限等一系列问题。因此，本书对国内外绿色创新概念范畴进行梳理后，全书中统一选择了"绿色创新"这一称谓。

另外，虽然国内外关于绿色创新研究主题存在着一定的差异性，但绿色创新影响因素却是国内外普遍认同的最具研究价值和实践意义的问题。实业界和理论界都在思考究竟哪些因素在推动或阻碍绿色创新进程，随着研究的深入，越来越多的影响因素被揭示出来，这为人们分别从宏观、中观和微观层面展现绿色创新全貌提供了可能性。同时研究虽然取得了一些成果，但也存在着一些问题。首先，关于各影响因素在推动绿色创新过程中发挥的功效及其显著程度尚存在争议。其次，在各种理论假设下获得的研究成果常常无法对现实加以合理解释。最后，依据研究结果而制定的各种力图推动绿色创新进程的政策存在着失灵现象。造成这一系列问题的根源主要在于，目前绝大多数关于某影响因素对绿色创新推进作用的研究都是假设其他因素不变的前提下进行的。而现实中，影响因素之间存在着复杂而紧密的联系，根本无法割裂开来单独考量。少数学者也在其研究中谈及各因素之间存在着协同性，但却并未就此展开有针对性的系列化研究。因此，本书在对现有研究中存在问题进行思考的基础上，利用理论与实证相结合的研究方法，对影响因素之间的协同性展开深入探讨，以期为绿色创新影响因素研究开拓全新视角。

另一方面，当把绿色创新问题放入特定产业背景中进行研究时要结合产业自身特点展开。创新生态系统作为当前和未来创新的新范式，得到了理论界和实业界的普遍认可。把创新生态系统理论引入产业绿色创新影响因素及其协同性关系的研究当中，无疑将成为又一有益探索。而太阳能光伏作为新一代的清洁能源，其创新发展与产业结构转型、可持续性发展息息相关。对我国太阳能光伏产业绿色创新影响因素相关文献进行整理分析后发现，目前多数学者主要关注政府补贴政策对太阳能光伏产业发展的影响，其研究指出，虽然政府补贴对产业创新具有影响，但其增长却无法带动企业技术创新热情随之高涨。尽管个别学者同时谈到了合作创新以及产业集聚效应和知识溢出效应等其他因素，但研究并不深入，关于各因素之间的协同关系更是无人提及。为了实现全面推进我国太阳能光伏产业绿色创新发展，解决合作创新进程缓慢、创新能力不足以及政府指导政策失灵等问题，需要站在更高的系统论视角探讨问题。

1.3　本书结构与内容安排

本书以解决我国太阳能光伏产业绿色创新过程中存在的问题为目标，从绿色创新影响因素协同性的研究视角出发，找到太阳能光伏产业中对提升绿色创新绩效有显著正效应的三个影响因素（即政府补贴、企业技术创新能力和合作创新关系）。对政府补贴、企业技术创新能力协同作用时对合作创新关系的影响进行分析，提出太阳能光伏产业绿色创新更加切实有效的政府补贴策略和更具可操作性的合作创新伙伴选取方法。全书结构与内容安排如下：

第1章，绪论。分析开展绿色创新的背景，在对绿色创新的概念、影响因素以及太阳能光伏产业绿色创新影响因素研究现状进行述评的基础上，提出了本书的研究意义、结构与内容、研究方法、技术路线，最后对本书的主要创新点进行总结概括。

第2章，相关方法。本章简要介绍了与本书研究相关的超网络理论、系统动力学理论、演化博弈理论、加权二分图投影算法等研究理论与方法。通过对相关理论与方法进行回顾，为本书的后续研究提供理论和方法支撑。

第3章，太阳能光伏产业绿色创新。本章中对绿色创新的概念以及模式分类进行了介绍，并在此基础上对太阳能光伏产业绿色创新概念范畴进行界定。然后利用超网络理论构建太阳能光伏产业绿色创新生态系统理论模型，全面刻画太阳能光伏产业绿色创新主体的行为以及他们之间的协同或制约关系，为第4章的产业系统动力学模型构建提供了理论支撑。

第4章，企业绿色创新影响因素研究。本章利用系统动力学方法对太阳能光伏产业绿色创新动力进行细致的分析，并利用历年专利数据和发表论文数对该系统动力学模型的有效性进行了验证。在确定模型准确可靠后，对各影响因素的参数敏感性进行分析，以识别对该领域绿色创新具有显著正效应的影响因素。

第5章，政府补贴、技术创新能力对合作创新关系演化的协同影响。在第4章研究结论基础上选择了三个显著影响因素，即政府补贴、技术创新能力和企业合作关系作为本章研究对象。在对企业创新关系进行深入研究后，将其分为"合作""竞争"和"中立"三种，并利用演化博弈理论构建企业创新关系演化模型，利用 Matlab 仿真方法对模型进行验证。为分析两因素同时演化时对系统稳定性的影响，本章提出了系统演化斜率算法并进行了仿真分析。

第6章，技术相似性及企业间创新关系辨识。为了对第5章的研究结果进行实证分析，需要搜集政府创新补贴、企业技术创新能力和企业间创新关系三类数据。由于企业间竞争关系和中立关系相关数据无法通过已有文献或统计数据获得，本章利用加权二分图投影算法和 Pearson 相关系数法构建了企业技术相似性算法，并通过计算企业技术相似性以辨识企业间创新关系。

第 7 章，政府创新补贴、技术创新能力与企业创新关系实证分析。本章在第 6 章企业技术相似性数据基础上，查找相应企业的政府绿色创新补贴数据，并与企业技术创新能力数据一起构成了 2002~2016 年间太阳能光伏企业绿色创新非平衡面板数据，然后构建统计模型，利用 Eviews 软件对模型进行检验。最后为推进太阳能光伏产业绿色创新提出切实可行的指导建议。

第 8 章，总结与展望。本章对全书主要研究内容进行陈述，对主要创新点与不足之处进行总结，并对未来将进一步开展的研究工作进行展望。

1.4　研究方法与技术路线

1.4.1　研究方法

1. 文献收集与分析方法

首先，通过速读、初选和精选三步对文献进行筛选，然后利用文献计量方法，对选出的绿色创新相关文献进行分析。在对已有文献主题词频率进行统计分析后绘制主题词关联网络，并利用聚类分析法获得绿色创新相关研究主题。

其次，对太阳能光伏产业绿色创新相关文献进行搜集整理，结合前期绿色创新研究主题，发现已有研究的不足，寻找本书研究思路与研究方法，并在此基础上为本书的太阳能光伏绿色创新模式界定、影响因素选取以及其后的模型构建和实证研究提供支撑。

2. 超网络方法

将产业绿色创新生态系统分为知识子网络、环境子网络和商业子网络共三层子网络,利用超网络理论刻画三层子网络之间的相互联系,从而更加全面地刻画产业内各主体的绿色创新行为以及相互之间的协同或制约关系。

3. 系统动力学方法

绿色创新是一个复杂、动态、非线性系统,同时受到自外部以及系统内部的各种因素的影响。本书利用系统动力学方法构建太阳能光伏产业绿色创新动力系统,并仿真分析各影响因素的敏感性,从而发现影响显著的因素,以备后续影响因素之间协同互补性分析做准备。

4. 演化博弈模型方法

构建基于演化博弈的数学模型,从理论上对政府补贴、企业技术创新能力对企业间创新关系的影响进行建模分析,并运用 Matlab 软件对模型以及参数敏感性进行仿真分析。建立协同互补仿真方法,对影响因素协同作用进行仿真分析。

5. 加权二分图投影算法

将加权二分图投影算法和 Pearson 相关系数法相结合,提出企业技术相似性算法,该方法可以更好地识别企业技术相似性,为辨识企业间创新关系提供依据。

6. 实证分析法

针对演化博弈及仿真结果,提出研究假设,通过搜集太阳能光伏产业专利数据以及相应政府补贴数据,构建非平衡面板数据,利用相关性与多元回归分析等方法对三者之间的关系进行实证分析。

1.4.2 技术路线

本书技术路线主要分为以下五个层次,如图 1 - 8 所示。

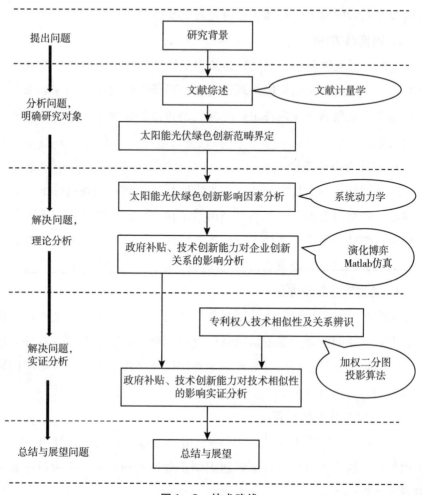

图 1 - 8　技术路线

第一个层次主要包括研究背景、研究意义、主要研究内容、研究方法、技术路线和主要创新点。

第二个层次对研究所涉及的相关理论、方法进行理论综述，并在此基础上对太阳能光伏绿色创新的概念范畴进行界定，明确研究对象和研究范畴。

第三个层次的研究包括两个方面，且这两个方面属于递进关系。首先利用系统动力学对太阳能光伏产业绿色创新影响因素进行分析，发现具有显著性的影响因素。然后对这些具有显著性的影响因素进行演化博弈建模和仿真分析，以发现影响因素之间的协同互补性关系。

第四个层次的研究同样包括两个方面。为了对第三层次的理论结果进行实证分析，就需要获得相应的数据。在本层次中，首先进行了企业技术相似性以及关系辨识研究，利用专利数据分析了企业间技术相似性，并对企业间创新关系与技术相似性指数之间的潜在联系进行了挖掘。然后进一步填补政府补贴相关数据，构建完整的非平衡面板数据，对影响因素协同性进行实证分析，为太阳能光伏产业绿色创新提供更具实际意义的建议。

第五个层次对研究工作进行总结和展望。

1.5　主要创新点

1. 拓展了绿色创新研究视角

本书以太阳能光伏产业为例对企业绿色创新进行了研究，指出在假设其他因素不变的情况下，对绿色创新单影响因素进行分析会带来研究结论无法对现实问题作出解释的不足。故而，本书提出的系统稳定性斜率算法，并对各影响因素协同作用时的系统稳定性进行了仿真分析，从而获得了仅仅用单因素分析时难以得到的有益结论。

2. 界定了太阳能光伏绿色创新研究的概念、模式与架构

长期以来，"太阳能光伏作为清洁能源，其技术创新即为绿色创新"的观点被普遍认可。但事实上，清洁能源的生产过程却并不一定清洁。一味强调绿色产品创新，而忽略了绿色过程创新，同样可使太阳能光伏产业对环境造成严重污染。本书从创新生态系统视角探究太阳能光伏产业创新和生产行为，重新界定了太阳能光伏绿色创新的概念，指出太阳能光伏产业绿色创新应是兼顾绿色产品创新和绿色过程创新的一类环境友好型创新活动的模式与架构。

3. 研究了企业创新关系中常被忽略但极具研究价值的"中立"关系

迄今为止的多数研究将企业间的绿色创新关系简单地分为"合作"与"竞争"两类，实际上企业间还存在着一类既不合作也不竞争的关系。本书将这类特殊的关系定义为"中立"关系，并利用专利数据证明了它的存在性，然后进一步剖析了中立关系对企业合作关系演化的影响。结果显示，中立关系的增加为企业间合作创新提供了更多的机会。这一研究内容是对绿色创新企业关系划分方法及研究成果的有益补充。

4. 提出了企业技术相似性算法

为辨识企业间创新关系，需要对企业技术相似程度进行度量。以往研究多以企业拥有的相似技术资源绝对量来衡量企业之间的技术相似性，但本研究认为这种方法忽略了企业资源在整个产业资源中的所占比例这一重要信息，因此，本书借鉴加权二分图投影算法，将其与 Pearson 相关系数法将结合，构建了改进企业技术相似性算法。利用该方法不但可以更加精准的计算企业技术相似性程度，揭示企业间的技术互补型关系，还可以为企业三种关系的辨识提供依据。

1.6　本章小结

本章对绿色创新发展背景进行简要介绍，然后利用文献计量学方法对绿色创新的概念、绿色创新影响因素、太阳能光伏产业绿色创新影响因素以及创新生态系统等问题进行了分析并对现有研究成果以及存在的不足进行总结，提出对绿色创新影响因素协同性进行深入探讨的必要性和研究意义。并依据本研究的结构和研究内容确定研究思路，选取恰当的研究方法，设计本书的技术路线。最后，总结概括了本书的主要创新点。

第 2 章

相 关 方 法

2.1 超网络理论

基于复杂网络视角对自然界规律、人类社会中经济规律以及人们错综复杂的人际关系进行研究早已存在，但随着研究的深入，网络规模开始不断增大，网络中的节点种类呈现多样化发展，节点间关系呈现出异质性和多变性特征，甚至出现了超越一般网络的网络系统问题。于是，用何种方法能够更有效地描述问题，成为了学者们亟待解决的问题。此时，超网络理论应运而生，为研究提供了全新的方向和视角。

2.1.1 超网络的定义

2002 年，美国科学家纳古尼（Nagurney）在处理交织的网络时，首次将超网络（Supernetwork）定义为一类高于而又超于现存网络的网络[112]，因此这类超网络也叫作基于网络的超网络，如图 2 - 1 所示。该网络具备以下特性：①多层特性；②多级特性；③流量多维性；④多属性；⑤拥塞性；⑥协调性。

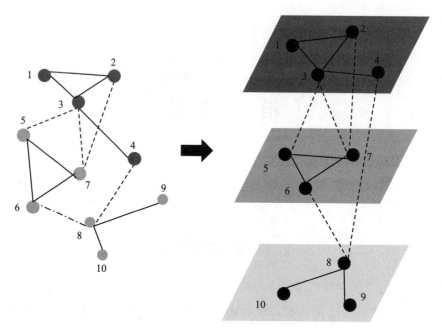

图 2 - 1　基于网络的超网络示意

而不同于纳古尼的定义，有学者提出了另一类基于超图的超网络（Hypernetwork），具体定义如下：

假设 $V = \{v_1, v_2, \cdots, v_n\}$ 是一个有限集，若 $e_i \neq \phi(i = 1, 2, \cdots, m)$，且 $\bigcup\limits_{i=1}^{m} e_i = V$，则称二元关系 $H = (V, E)$ 为一个超图。V 的元素 v_1，v_2，$\cdots$，v_n 称为超图的顶点，$E = \{e_1, e_2, \cdots, e_m\}$ 为超图的边集合，集合 $e_i = \{v_{i1}, v_{i2}, \cdots, v_{ij}\}(i = 1, 2, \cdots, m)$ 称为超图的边。

由此类超图构成的网络则成为超网络，它通过简化网络层次结构，从而更加清晰地描述同层节点之间的联系[113]，具体如图 2 - 2 所示。

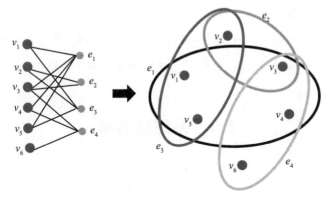

图 2 - 2 基于超图的超网络

2.1.2 超网络的性质

根据刘怡君等的研究，对超网络的相关性质进行定义如下[114]：

定义 1：关联矩阵

假设图 $G = (V, E)$ 的关联矩阵 B，满足以下条件：

（1）B 的每一行与 G 的顶点相关；

（2）B 的每列与 G 的边相关；

（3）如果第 j 个边与第 i 个顶点相关联，那么 $b_{ij} = 1$。

有 n 个顶点的连同图 G 的关联矩阵的秩是 $n - 1$。

定义 2：邻接矩阵

假设图 $G = (V, E)$ 的邻接矩阵 S，满足以下条件：

（1）S 的每一行与 G 的顶点相关；

（2）S 的每一列与 G 的顶点相关；

（3）如果顶点 v_i 与 v_j 之间存在一个关系，即存在一个弧，连着顶点 v_i 与 v_j，那么 $S_{ij} = 1$；否则 $S_{ij} = 0$。

从关联矩阵和邻接矩阵的定义可以看出：

$$S = BB^T - D \qquad (2.1)$$

其中，B^T 是关联矩阵的转置；D 是对角线上元素为顶点的度数的对角矩阵。

定义 3：超图 H 的对偶 H^*

如果对所有的 j，$V_j = \{e_i \mid i \leqslant m, \; v_j \in E_i\}$，$v_j \neq \phi$，$\forall j$，$U_j V_j = E$，则超图 $H^* = (E; \; V_1, \; V_2, \; \cdots, \; V_n)$ 称为 H 的对偶超图。显然，$(H^*)^* = H$。

2.2　系统动力学

2.2.1　系统动力学仿真方法

系统动力学（System Dynamics）是一种描述和解释具有复杂动力机能的系统的跨学科方法，它将系统科学理论与计算机仿真技术进行有机融合，研究对象行为和系统反馈结构[115]。罗伯茨（Roberts）将系统动力学定义为一种可解决管理、组织乃至社会问题的反馈控制系统、技术和机理。

系统动力学方法自 20 世纪五六十年代诞生以来，得到各学科的广泛应用。由于系统动力学能够分析具有高阶非线性、多重反馈和复杂时变的系统，因此，在处理工业、经济、管理、生态、军事等诸多复杂社会问题时发挥着重要作用，并取得了令人瞩目的成绩。例如，在管理领域，系统动力学方法将组织中不同的功能区整合成为一个有意义的整体，并为设计一个更加有效的组织政策提供整体性的定性和定量基础。

总体来说，系统动力学方法主要有以下优点：

（1）擅长处理延迟和反馈问题。社会系统往往带有明显的时变现象，且存在复杂高阶反馈问题，一般的方法很难对其进行有效分析。系统动力学通过建立因果反馈回路，设置延迟变量很好地解决以上问题。

（2）擅长对系统发展进行预测分析。系统动力学利用 Vensim 软件构建系统动力学模型，并辅以数学分析和计算机仿真模拟技术，针对复杂社会问题的长期发展变化趋势进行分析，揭示其发展变化规律，并对未来走势进行预测。

2.2.2 系统动力学构模原理及步骤

1. 构模原理

系统观和方法论是系统动力学方法构模最根本的指导思想。系统观认为系统具有整体性、等级性、相关性以及相似性。系统内部的反馈结构和运行机制决定了系统的行为特性,任何复杂的大型系统都可以视作是由多个系统中最基本的信息反馈回路按照某种方式连接而成的。系统动力学旨在针对实际情况,从变化和发展的视角利用系统的观点解决问题。系统动力学构模和模拟的最主要特征是在描述现实功能的同时实现系统结构化,故而,系统分解与系统综合的理念将贯穿于系统构模、系统模拟以及系统测试全过程。

尽管最大化的还原现实问题是系统动力学需要解决的问题,但系统动力学模型也只是实际系统某些特质的简化和代表,而无法实现对现实问题原原本本的复制,这就要求在构建系统动力学模型的过程中合理定义系统变量,确定系统边界。当然,评价模型优劣的最终标准不是模型是否通过有效性检验而是客观实践。为了符合客观实践,即使再精心构造的模型也必须在应用中不断修改、完善,以适应实际系统中新的变化。

2. 构模步骤

系统动力学构模过程可以归纳为以下五步,即系统分析、结构分析、模型构建、模型测试以及模型使用。这五步有一定的先后顺序,但按照构模过程中的具体问题可以相互交叉多次循环进行。构模步骤如图2-3所示。第一步系统分析的主要任务是明确问题,广泛收集解决该问题的相关数据、信息和资料,然后确定系统边界。第二步结构分析通过对系统进行分解,逐步细化和确定系统变量以及变量之间的关系,进而了解信息反馈机制。第三步模型建立是从定性分析向定量分析转化的重要过程。系统动力学模型由一组一阶常微分方程组成,并可以进一步分解为状态变量方程、速率方程、辅助变量方程、初始方程、常量方程以及表函数方程等类型。参数估计先从各子系统分别独立进行，然后再进行总体调试。第四步模型试验是对模型进行计算机模拟实验并对其进行调试，通过对模型各种性能指标进行不断修正以完善模型。第五步模型使用是在已经建立好的模型基础上对系统进行定量分析研究并进行各种政策实验[116]。

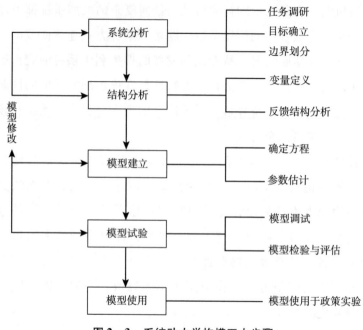

图 2 - 3　系统动力学构模五大步骤

2.3　演化博弈理论

2.3.1　演化博弈

　　在传统博弈理论中，常假设参与者是完全理性的，且参与者是在完全信息条件下进行的。但在现实中，参与者往往是不完全理性的，而且绝大多数时候博弈方之间掌握的信息量不一样，也就是说是，参与者在非对称信息条件下进行的博弈活动。在企业的合作竞争中，参与者之间是有差异的，经济环境和博弈问题本身的复杂性所导致的信息不对称和参与者的有限理性问题是显而易见的。

演化博弈是生物进化论与博弈论相结合的产物，它舍弃了完全理性的假设，认为行为主体都是有限理性的。演化博弈理论从有限理性的个体出发，以由个体组成的群体作为研究对象，研究认为现实中的个体并不一定能够行为最优，往往最优的策略不能马上实现，而是通过不断的试错，反复学习和模仿其他个体的行为，最终找到最优方案。其次，演化博弈不再要求参与者掌握完全信息，这也是其更贴近现实的表现。

演化博弈的两个基本思想：一个是演化稳定策略，而另一个是复制动态。

2.3.2 演化稳定策略

演化博弈理论在不同领域广泛应用归功于史密斯（Smith）和普瑞斯（Price），他们提出了演化博弈的基本理论——演化稳定策略（Evolutionary Stable Strategy，即 ESS）。演化稳定策略是指如果群体中的大多数个体选择演化稳定策略，则占小部分的突变者群体就不可能在这个群体中生存下来。抑或说，在自然选择下，突变者唯有选择演化稳定策略才能够生存，否则必会随着时间的推演在系统演化过程中灭亡。演化稳定策略定义如下：

定义 1：$x \in A$ 是演化稳定策略，如果 $\forall y \in A$，$y \neq x$，存在一个 $\bar{\varepsilon}_y \in (0, 1)$，使不等式 $u[x, \varepsilon y + (1 - \varepsilon)x] > u[y, \varepsilon y + (1 - \varepsilon)x]$ 对于任意 $\varepsilon \in (0, \bar{\varepsilon}_y)$ 均成立。其中 A 是群体中个体博弈时的支付矩阵；y 表示突变策略；$\bar{\varepsilon}_y$ 是一个与突变策略 y 有关的常数，称之为侵入界限；$\varepsilon y + (1 - \varepsilon)x$ 表示选择演化稳定策略和选择突变策略群体所组成的混合群体。

以上定义表明，当系统处于演化稳定状态时，除非受到来自外部的强大刺激，否则较小的扰动不会干扰到系统最终的演化稳定状态。因此，定义 1 是一个静态概念，用以描述系统局部动态性质，但无法描述系统存在多个吸引域时的稳定性。

为研究系统的动态演化过程，寻找能够适应对称博弈与非对称博弈的演化稳定策略概念，塞尔滕（Selten）将角色限制行为引入非对称博弈，得到演化稳定策略定义如下[117]：

定义 2：在有角色限制的博弈 G 中，一个行为策略 $s = (s_1, s_2)$ 被称为演化稳定策略，1）如果对任意的 $s' \in S \times S$，满足 $f(s, s) \geq f(s', s)$；2）如果 $f(s, s) = f(s', s)$ 那么对于任意的 $s \neq s'$ 有 $f(s, s) \geq f(s', s')$。

尽管上述定义解决了两群体非对称博弈系统局部动态问题，但却无法显示均衡概念与动态演化过程极限结果之间的关系。因此，高劳伊（Garay）和瓦尔加（Varga）给出了 N 群体严格演化稳定策略概念[118]：

定义 3：策略组合 $P^* = (P^{1*}, P^{2*}, \cdots, P^{n*}) \in S$ 称为 N 群体演化稳定策略，如果对每一个 $P = (P^1, P^2, \cdots, P^n) \in S/\{P^*\}$，$\forall i \in (1, n)$，$P^i \neq P^{i*}$ 存在 $0 < \varepsilon_p^i < 1$，对于所有的 $0 < \varepsilon^i < \varepsilon_p^i$ 都有：

$$P^i \left(\sum_{i=1}^n A^{ij} X^j \right) < P^{i*} \left(\sum_{i=1}^n A^{ij} X^j \right) \qquad (2.2)$$

其中，$X^j = (1 - \varepsilon^j) P^{*j} + \varepsilon^j P^j$ 表示第 j 个群体（即选择纯策略 P^j 与 P^{*j} 个体组成的群体）；A^{ij} 表示 i，j 两群体个体博弈时第 i 个群体中个体所得的支付矩阵。

这个定义与达尔文的自然界优胜劣汰理论一致，较好地解决了定义 1 不适用于多群体，而定义 2 不能用于描述单群体演化稳定策略的问题。从动态的观点看，这个定义能够保证模仿者动态演化稳定策略的渐近稳定性。

2.3.3 复制者动态

演化博弈理论来自生物进化论，其演化的观点就是以生物界"物竞天择，优胜劣汰"的思想来解释现实世界。泰勒等人（Taylor et al.）在考察了生态演化现象时，提出演化博弈理论的基本动态概念——复制者动态（replicatior dynamics）。自此，研究可通过复制者动态选择机制以探寻博弈的演化稳定策略。

复制者动态模仿了仅具有有限理性的博弈方学习和策略调整过程，当一种策略的适应度高于群体的平均收益时，这种策略就会在群体中被模仿而最终生存下来，低于平均收益的策略将被淘汰，这即是复制者动态的基本思路。

从不同行为模式出发，群体寻找最优策略的变化过程可以用多种演化模型表示，如复制动态模型[119]，刺激—反应动态模型[121]及复制—变异模型[122]。其中应用最多的是1978年泰勒和琼克（Jonker）提出的动态微分方程$\dfrac{\mathrm{d}p}{\mathrm{d}t}=p(u_x-\bar{u})$。复制者动态能较好地解释和预测群体行为的变化趋势，被广泛用于研究经济活动中主体之间的行为变化。

1. 单群体模仿者动态

处于同个环境中的各种群都只能选择一个特定的纯策略，而群体在不同时刻所处的状态为混合策略。令$S_K=\{s_1,\ s_2,\ \cdots,\ s_K\}$表示群体中的纯策略集；$N$表示群体中个体的数量；$n_i(t)$表示$t$时刻选择纯策略$i$的个体数量。$x(x_1,\ x_2,\ \cdots,\ x_K)$表示群体在$t$时刻所处的状态，$x_i$表示在$t$时刻选择纯策略$i$的个体比例；$f(s_i,\ x)$表示群体中选择纯策略$s_i$的平均收益；$f(x,\ x)=\sum x_if(s_i,\ x)$表示群体的平均期望收益。则系统的复制者动态微分动态方程如下：

$$\frac{\mathrm{d}x_i}{\mathrm{d}t}=[f(s_i,\ x)-f(x,\ x)]x_i \tag{2.3}$$

2. 多群体复制者动态

$$\frac{\mathrm{d}x_i^j}{\mathrm{d}t}=[f(s_i^j,\ x)-f(x^j,\ x^{-j})]x_i^j \tag{2.4}$$

$j=1,\ 2,\ \cdots,\ K$表示系统内的第j个种群；x_i^j表示第j个群体中选择

第 i 个纯策略的比例；x^j 表示群体 j 在 t 时刻所处的状态，x^{-j} 表示第 j 个群体以外的其他群体在 t 时刻所处的状态；x_i^j 表示群体 j 中个体行为集中选择第 i 个纯策略的个体比例；x 表示混合群体的混合策略组合，$f(s_i^j, x)$ 表示混合群体状态为 x 时群体 j 中个体选择纯策略 s_i^j 的期望收益；$f(x^j, x^{-j})$ 表示混合群体的期望收益。

2.4 加权二分图投影算法

2.4.1 二分图

在描述两类不同事物之间的复杂关系时，通常适用图论中的二分图[123]。二分图（bipartite graph）又称偶图，是图论中一种特殊模型。设 $G = (V, E)$ 是一个无向图，其中 V 为节点集合，E 为边集合。如果将顶点 V 分为两个互不相交的子集 (X, Y)，图中的每条边所连接的两个节点分属于这两个不同的节点子集，此时称图 G 为二分图。图 2 - 4 是一个二分图的范例，上面 X 集合中包含了 4 个节点，下面 Y 集合中包含了 5 个节点。上面和下面节点集合有边连接，但 X 和 Y 两个集合内部的节点之间互不相交，因此不存在节点子集内部连边。

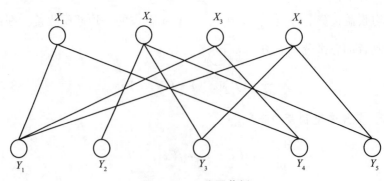

图 2 - 4　二分图范例

现实生活中的许多自然存在的系统可以用二分图来描述，如演员与拍摄电影的关系、科研人员与科研项目之间的关系、观众与播放的电视节目之间的关系等。

2.4.2　二分图投影算法

尽管绝大多数的现实关系可以由二分图来描述，但人们更关心的还是同质节点间的联系。因此，通常将二分图向某一类节点集合进行投影。当向上面节点集合 X 投影后，也就意味着投影后的网络中仅存在 X 集合中的节点。同理，当向下面节点集合 Y 投影后，投影后的网络中仅存在 Y 集合中的节点。如何根据原始二分图中变得权值计算投影后的边权值，使二分图向一模网络转化过程中尽可能保持原图信息不流失是二分图投影算法关键问题。早期研究中利用二分图中共同邻居节点的个数来计算一模网络中两节点间边权值，以图 2 - 4 为例，将其向下进行投影得到仅包含 Y 节点的一模网络，如图 2 - 5 所示。

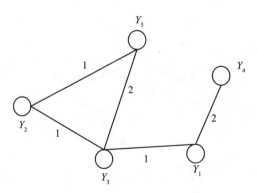

图 2 - 5　带权重的 Y 节点的一模网络

二分图投影算法中最主要问题是投影过程中的信息流失问题，纽曼等人（Newman et al.）对以上投影算法进行实证后发现现有二分图投影算法都会造成原图信息丢失[124]。周等（Zhou et al.）针对投影后无法保留原图信息的问题，提出了一种基于"资源—分配"模式的投影方法，并通过实验方法验证了该方法要优于以往的投影算法[125]。在该方法中，将节点视为"资源"，并将其平均分配给它在二分图中的邻居节点，然后，再将邻居节点上的资源重新分配给原始节点，由此得到原始节点的一模网络。利用"资源—分配"法进行二分图投影具体过程如图2-6所示。

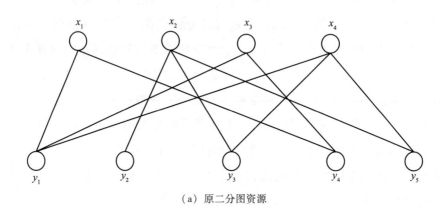

（a）原二分图资源

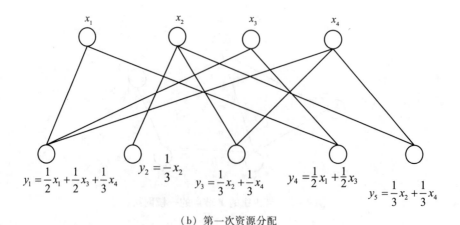

（b）第一次资源分配

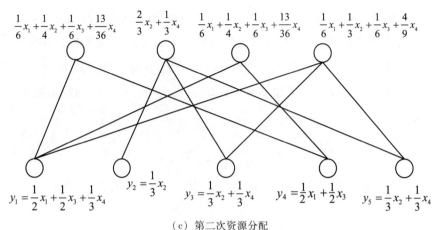

（c）第二次资源分配

图 2 – 6　资源分配投影算法过程

通过图 2 – 6 中（b）和（c）的资源分配图，可以得到最终资源分配公式如下所示：

$$\begin{cases} x_1' = \dfrac{1}{6}x_1 + \dfrac{1}{4}x_2 + \dfrac{1}{6}x_3 + \dfrac{13}{36}x_4 \\[2mm] x_2' = \dfrac{2}{3}x_2 + \dfrac{1}{3}x_4 \\[2mm] x_3' = \dfrac{1}{6}x_1 + \dfrac{1}{4}x_2 + \dfrac{1}{6}x_3 + \dfrac{13}{36}x_4 \\[2mm] x_4' = \dfrac{1}{6}x_1 + \dfrac{1}{3}x_2 + \dfrac{1}{6}x_3 + \dfrac{4}{9}x_4 \end{cases} \quad (2.5)$$

根据公式（2.5），可以得到最终节点资源值与原始节点资源值之间的状态转移矩阵表示为：

$$\begin{pmatrix} x_1' \\ x_2' \\ x_3' \\ x_4' \end{pmatrix} = \begin{pmatrix} \dfrac{1}{6} & \dfrac{1}{4} & \dfrac{1}{6} & \dfrac{13}{36} \\[2mm] 0 & \dfrac{2}{3} & 0 & \dfrac{1}{3} \\[2mm] \dfrac{1}{6} & \dfrac{1}{4} & \dfrac{1}{6} & \dfrac{13}{36} \\[2mm] \dfrac{1}{6} & \dfrac{1}{3} & \dfrac{1}{6} & \dfrac{4}{9} \end{pmatrix} \begin{pmatrix} x_1 \\ x_2 \\ x_3 \\ x_4 \end{pmatrix} \quad (2.6)$$

周在其文章中给出了通用二分图投影后边权值矩阵公式，即假设存在一个二分图 $G(X, Y, E)$，X、Y 为两个不相交的节点集合，其中，X 为顶层节点集合，节点数为 n；Y 为底层节点集合，节点数为 m。而 E 为边的集合，且仅存在于顶层和底层的节点之间。投影后的权重矩阵 W 公式为：

$$w_{ij} = \frac{1}{k(x_j)} \sum_{l=1}^{n} \frac{a_{il} a_{jl}}{k(y_l)} \qquad (2.7)$$

其中，$k(x_j)$ 表示节点 x_j 的度，a_{il} 为一个 $n \times m$ 的邻接矩阵，

$$a_{il} = \begin{cases} 1 & x_i y_l \in E \\ 0 & otherwise \end{cases} \qquad (2.8)$$

投影后的权重矩阵 W 体现了 X 集合中各节点之间的关系，w_{ij} 表示节点 j 通过二分图分配到节点 i 的资源数量，w_{ij} 的大小反映了节点 j 对节点 i 的影响程度。

2.4.3　加权二分图

尽管借助二分图可以反映两类事物是否有关系，但却无法准确地反映其关系程度，因此在二分图的基础上提出了加权二分图，其定义如下。

假设有加权二分图 $G(X, Y, E, P)$，X 和 Y 分别为图 G 中两类互不相交顶点的集合，其中，X 为顶层节点集合，节点数为 n；Y 为底层节点集合，节点数为 m。而 E 为边的集合，且仅存在于顶层和底层的节点之间。P 为 $n \times m$ 的边权矩阵，令 e_{ij} 为 X 集合中 i 节点与 Y 集合中 j 节点的连线，则 p_{ij} 为连线 e_{ij} 对应的边权值，且

$$p_{ij} \begin{cases} \neq 0, & e_{ij} = 1 \\ = 0, & e_{ij} = 0 \end{cases} \qquad (2.9)$$

加权二分图范例如图 2 - 7 所示。

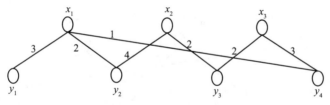

图 2 - 7　加权二分图范例

2.4.4　加权二分图投影算法

由于相较于两类不同节点之间的联系，研究同一类节点之间的相互关系更具应用价值，因此，朱正祥等[126]、亚历山德罗（Alessandro）等[127]、刘晓光等[128]在周等[125]的二分图投影映射算法基础上提出了加权二分图投影算法，并将其应用于推荐系统等研究领域。

该投影过程分两步进行，如图 2 - 8 示例所示。首先对加权二分图 $G(X, Y, E, P)$ 中 X 集合的节点进行投影压缩，将其信息按照边权值比例分配到 Y 集合中各节点上，如图 2 - 8 （b）所示；然后再对 Y 集合中各节点进行投影压缩，将其信息按照边权值比例分配到 X 集合中的各节点上，如图 2 - 8 （c）所示。最终将获得一个由 X 集合节点信息构成的 $n \times n$ 矩阵，该矩阵就是顶层 X 节点之间的关系权值[129]。

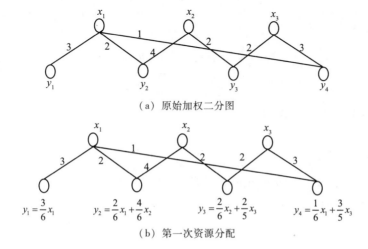

（a）原始加权二分图

（b）第一次资源分配

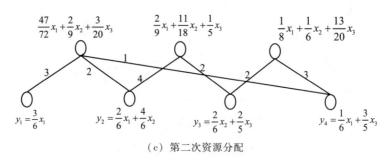

（c）第二次资源分配

图 2 - 8　加权二分图投影算法示例

将该过程用符号表示如下：

假设在加权二分图 $G(X, Y, E, P)$ 中，X 节点拥有资源记为 $f(X)$，Y 节点拥有资源记为 $f(Y)$。首先，将 X 节点上的资源投影压缩到 Y 节点上，此时，Y 节点上获得的资源记作 $f'(Y)$，并且

$$f'(y_j) = \sum_{i=1}^{n} \frac{p_{ij} e_{ij} f(x_i)}{\sum_{j=1}^{m} p_{ij}} \tag{2.10}$$

然后，再将 Y 节点上的资源 $f'(Y)$ 投影压缩到 X 节点，此时将 X 节点上的资源记作 $f'(X)$，并且

$$f'(x_i) = \sum_{j=1}^{m} \frac{p_{ij} e_{ij} f'(y_j)}{\sum_{i=1}^{n} p_{ij}} = \sum_{j=1}^{m} \frac{p_{ij} e_{ij}}{\sum_{i=1}^{n} p_{ij}} \cdot \sum_{i=1}^{n} \frac{p_{ij} e_{ij}}{\sum_{j=1}^{m} p_{ij}} f(x_i) \tag{2.11}$$

令

$$w_{ij} = \frac{p_{ij} e_{ij}}{\sum_{i=1}^{n} p_{ij}} \cdot \sum_{i=1}^{n} \frac{p_{ij} e_{ij}}{\sum_{j=1}^{m} p_{ij}} \tag{2.12}$$

则将公式（2.11）化简为

$$f'(x_i) = \sum_{j=1}^{m} w_{ij} f(x_i) \tag{2.13}$$

其中，w_{ij} 是一个 $n \times n$ 的矩阵，矩阵中向量值表示集合 X 的节点之间资源分配的相似程度。

2.4.5 适用范围

二分图常被用于描述两类不同事物之间的复杂关系，如纽曼为研究学术论文与共同作者之间的关系，构建了学术论文与共同作者之间的二分图[124]。茨威格等人（Zweig et al.）对"观众—电影"之间关系构建了二分图，并对其进行一模投影运算，利用观众对所观看电影的评分数据，将二分图向电影节点集合进行投影，得到任意两部电影之间相互关系[130]。二分图同样被广泛应用于推荐系统中[131]，通过对购买者与购买物品之间构建二分图，并对其进行投影和聚类分析，以发现购买喜好相似的购买者群体，最后有针对性地对各群体进行商品个性化推荐。

尽管二分图及其投影算法已经被应用于各领域的研究当中，但尚未有研究将其用于企业间创新关系的研究当中。本书将借鉴加权二分图及其投影算法分析企业绿色创新技术相似性的研究，更进一步辨识企业间创新关系模式。

2.5 本 章 小 结

根据本书的研究内容和研究思路，对书中将要使用的超网络理论、系统动力学理论、演化博弈理论、加权二分图投影算法等相关理论及方法进行了概述，为后续研究提供了坚实的理论和方法支撑。

第 3 章

太阳能光伏产业绿色创新

3.1 绿 色 创 新

3.1.1 绿色创新的内涵

随着环境污染问题的日益严重和可持续发展的迫切需要，绿色创新概念应运而生。1997 年詹姆斯在著作《绿色创新驱动力》中提及了"绿色创新"一词[6]。自诞生以来，学者分别从环境科学、经济科学、社会科学等方面对其进行研究，如利特尔（Little）[132]就曾指出，以社会、环境以及和持续性发展为导向的绿色创新活动为市场、产品、服务、甚至生产过程开拓了新的创新空间。由于绿色创新研究领域非常宽泛，因此认为只要具备了创新的新颖性、价值型特征，且能够实现资源节约和环境改善，就可以被认定为绿色创新。为了更加清晰地界定绿色创新，谢德里格提出了六项重要指标[1]：

（1）创新客体包括产品、流程、服务和方法几方面；

（2）市场导向包括满足顾客需求、企业在市场中获得竞争优势；

（3）环境影响包括减少对环境的负面影响；

（4）创新作用阶段为企业整个生命周期；

（5）创新动机为旨在减少经济或生态影响；

（6）创新层次为在企业内设置全新的创新或绿色标准。

其中，第一、第二项指标同样包含于其他创新类型的定义当中，而第三项关于环境方面，所有关于绿色创新的研究均认为创新应该能够减少负面影响，即降低消极影响的外部性，最理想的绿色创新模式应该是对环境没有负面影响的。第四项指标仅有少数作者在其绿色创新的定义中提及，他们认为创新不应是片面的，而应该贯穿于整个生命周期当中，对企业的所有输入和输出因素进行彻底分析以使得全面减少资源消耗。第五项强调减少环境影响的目的可能出自经济的原因抑或是出自生态的原因。因此当新产品开发中减少材料的使用时可能出自不同的原因。最后一项涉及创新与环境友好性的定义问题，因为两者都是相对的而且无法衡量其绝对价值。而这两者也是引起学者们关注的主要原因，因为这些相对的标准使得人们很难将绿色和非绿色的创新准确区分开来，而创新活动"绿色"的程度就更难度量。

基于以上标准不难发现，目前学术界常用的"可持续创新""绿色创新""环境创新"以及"生态创新"等概念的表述含义基本相当。故本文同样遵循谢德里格的绿色创新研判标准，选择"绿色创新"作为这类概念的统称，并将其定义为一类有意识地为了减少对环境的负面影响而进行的创新。这类创新不但具有环境友好性特征，同时还具有"双重外部性"特征。

3.1.2　绿色创新模式分类

由于绿色创新研究宽泛性的特质，使绿色创新的划分标准也存在多种视角和不同层面。例如，王正刚从纵向和横向两个方面对企业绿色创新模式进行了研究，并将绿色创新模式分为生产绿色产品为主的创新模式、节能降耗创新模式和以提供环保服务为主的创新模式[133]。杨发明和吕燕将绿色创新分为三个层次，即末端治理技术创新、绿色工艺创新和绿色产品创新。而绿色产品创新是指在整个生命周期中，从设计、生产、销售到消费整个过程都能够预防和减少环境污染、降低废物排放、可循环使用的产品[134]。目前常用的绿色创新模式分类主要基于企业创新实践视角，将绿色创新分为生产过程创新、组织创新以及产品创新三类。在企业整个生命周期中，三种创新模式相辅相成，存在着千丝万缕的联系。因此企业不能够企图利用某一种创新模式而实现完整的绿色创新实践活动。以下对三种创新模式进行说明，并对各模式中出现频次较高的子主题进行解释，而全部子主题以表 3 - 1 进行归纳总结。

表 3 - 1　　　　　　　　　三类绿色创新模式研究子主题

绿色创新模式	研究子主题
生产过程创新	清洁生产、废物处理、物流
组织创新	环境管理系统、创新流程、供应链管理、区域资源、利益者管理、组织结构、员工发展和培训、行为准则、员工参与可持续发展或企业社会责任活动、企业健康和安全程度
产品创新	绿色设计、生命周期分析、生态评估、生命周期成本、原材料（减少、替换、可持续使用）、包装、公平交易和有机产品

1. 生产过程创新

绿色生产过程创新是一种通过更新设备、改善生产流程，综合权衡环境影响和资源损耗的绿色生产模式。绿色生产过程创新包含很多子主题。最常出现的是清洁生产，它通常被定义为一类以提高总体效率、减少对人类和环境风险，持续应用于生产过程、产品和服务的综合预防性环境战略。尽管这个定义中涵盖了产品和服务，但它根植于生产过程，因此将其归入绿色生产过程创新之中。在众多研究中均表示清洁生产主要关注环保技术和可替代性材料的使用。企业通过采用清洁生产以加速生产过程，提高生产效率进而实现在其领域中的环境挑战。贝基特（Berket）指出，清洁生产的目标是构建一个不同的组织结构以实现环境管理和资源利用，借以实现可持续环境改善的过程，或在已存在的环境改善进程中实现环境友好和资源整合[135]。可见，如果企业组织层面能够充分认识到清洁生产的重要性，那么清洁生产可能会带来远比仅仅提高工艺水平更高的创新潜力。

除清洁生产以外，废物处理是绿色生产过程创新研究中另一经常出现的子主题。废物处理涉及整个价值链中的生产行为，具体包括回收措施、材料的处理、减少生产排污和优化排污控制方法等。尽管该方法可以有效实现企业绿色创新和可持续发展，但并未得到企业的普遍采用。对于中小企业来说，清洁生产很难实现，这也导致很少有中小企业真正采取这一绿色创新模式。

与清洁生产紧密相关的一个概念是生态效率。目前的研究中认为生态效率与生产过程有关，但相较于清洁生产，生态效率更强调获得经济效益。谢德里格和他的同事们对生态效率进行研究时指出，经济与环境表现经常被结合起来以实现经济效益，减少环境负面影响。由于生态效率主要关注经济收益，因此也常认为是企业用以改善环境、实现可持续性发展的利器。同时，生态效率也常被理解为资源或能源效率，因此，使用企业的节能项目、减少材料和资源使用、改善工艺流程更换低耗设备等指标来衡量企业生态效率。尽管清洁生产和生态效率从根本上被区别分开来，前者强调减少环境影响而后者强调经济收益，但从生产应用的视角出发，两个概念仍然常同时出现且被替换使用。

总之，企业通过生产过程创新而减少能源消耗和污染排放。如果企业希望转型绿色创新，那么可以通过重组再造其包装系统、改变物流配送方式或重构其价值链等方式获得绿色创新潜能。

2. 组织创新

绿色组织创新是将环保理念纳入企业组织形态和组织结构的设计当

中，设立企业环境管理机构，并将其作为企业管理的重要组成部分，通过制定、实施、实现、评审和维护环境方针，以达到组织对环境行为持续改进的目的，从而为企业绿色创新提供强有力的组织保证[136]。

环境管理系统是绿色组织创新的热点之一。环境管理系统中包含一系列特定的标准，如 ISO14001、EMAS、环境政策和环境管理会计等。尽管环境管理系统是研究热点，但研究结论却不统一。部分学者指出仅7%的中小企业使用 ISO 系列标准，11% 的企业自定标准，剩余企业则完全没有制定绿色标准。其主要原因在于环境管理系统的高度标准化与中小型企业非正式管理系统形成鲜明对比，使环境管理系统很难在中小规模企业中实施。

组织创新中另一重要研究主题是利益相关者、可持续性发展愿景规划、员工管理和培训以及员工参与可持续性发展或企业社会责任。首先，设计和实施基于拥有者—管理者价值观的可持续发展远景可以促进整个组织的创新发展。其次，为了解决道德问题和组织信息透明度问题，需要制定绿色创新行为准则。最后，可以通过让员工参与发展和培训计划以培养其实现个人绿色创新意识和社会责任感，最终实现整个组织绿色化。

3. 产品创新

绿色产品创新的目标是使产品在设计、生产、包装、运输到回收处理的整个生命周期中实现对环境负面影响最小，资源利用率最高，并达到企业经济收益和社会效益协调优化[137]。

最初的绿色设计或生态设计聚焦于环境维度，而现在被更广泛的理解为可持续设计，涵盖了从生产到生活的所有活动。企业是否采用绿色设计取决于产品复杂性。例如，电子产品领域，企业可能会发现选择环境无害的原材料或大幅削减能源消耗并不会显著提高研发费用。但绿色设计不仅仅依赖于寻找可替代性技术解决方案，还需要有一系列的外部需求（如客户需求、政府规制）和内部刺激（如创新机会、提高产品质量）以及企业如何看待新产品市场机会。

3.2 太阳能光伏绿色创新内涵

3.2.1 太阳能光伏产业结构

利用太阳能的最佳方式是光伏转换，就是利用光伏效应，使太阳光射到硅材料上产生电流直接发电。以硅材料的应用开发形成的光电转换产业链条称之为光伏产业。包括高纯多晶硅原材料生产、太阳能电池生产、太阳能电池组件生产、相关生产设备的制造等[138]。所谓光伏效应是指半导体或者不均匀的半导体在太阳光的照射下与金属组合的各个部位之间产生的电位差的现象，它是太阳能光伏产业发展的基础。太阳能电池是这一技术的关键元件，将其进行串联封装保护后，就可以组成大面积的太阳能电池组件，与功率控制器等元部件一起相互配合，就可构成光伏发电装置。

围绕硅材料的开发与应用而形成的光伏产业链，包括上游的硅料、硅片环节，中游的电池片、电池组件环节以及下游的应用系统环节，具体的光伏产业链如图 3 - 1 所示[138]。

面对环境污染以及能源结构转型迫切性的双重压力，我国自 2004 年以来大力倡导发展太阳能光伏这一战略新型产业，逐年加大对太阳能光伏产业的支持力度，并密集出台了一系列光伏产业支持政策。在政府政策指引下，大量企业涌入太阳能光伏产业中。对中国太阳能光伏产业链中企业分布情况进行调查后可以发现，大多数企业集中于技术要求较低的中游电池片、电池组件生产环节，附加值较高的上游企业较少，而且存在着缺乏核心创新能力的缺陷，使我国光伏产业附加值与企业分布呈现微笑曲线，如图 3 - 2 所示。

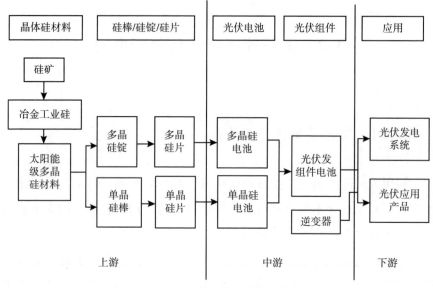

图 3 − 1　太阳能光伏产业链

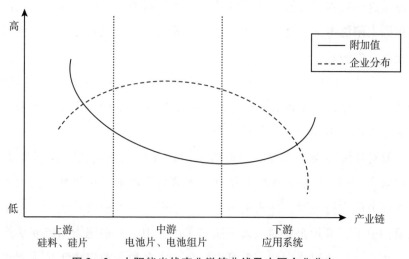

图 3 − 2　太阳能光伏产业微笑曲线及中国企业分布

从中国太阳能光伏的产业结构不难发现，我国太阳能光伏产业存在着重生产轻创新的问题，大部分企业集中在污染较严重的上中游，这就造成中国太阳能光伏产业不是"绿色"而是"黑色"的尴尬情况。面对这样的亟待解决的问题，有必要对太阳能光伏产业的绿色创新行为重新认识，并对该产业的绿色创新概念模式重新定义。

3.2.2　太阳能光伏绿色创新概念界定

由于同一个影响因素在不同行业背景中以及创新模式下的重要性均不同[80,141,142]，所以有必要对太阳能光伏产业中的绿色创新模式研究范畴进行准确界定。

绿色创新模式主要包括以生产绿色产品为主的绿色产品创新、以生产过程节能降耗为主的绿色过程创新、以组织变革为主的绿色组织创新等三种模式。目前大多数学者基于创新经济学视角，将绿色创新分为绿色产品创新和绿色过程创新两类。

太阳能光伏作为清洁能源，是一类替代传统石化能源的新一代可再生能源，对其进行开发利用有利于缓解生态压力，减少环境污染，提高能源利用率。由于太阳能光伏清洁产品特性，人们理所当然地认为太阳能光伏技术创新即为绿色创新。事实上，太阳能光伏这类所谓绿色能源也会有其"黑色"的一面[143]。由于地方政府争相开展太阳能光伏产业建设工作，大量企业在技术创新能力不足的情况下进入太阳能光伏产业。例如，处在太阳能光伏产业上游的多晶硅原料生产企业，在提炼高纯度多晶硅的过程中，产生包括剧毒物质四氯化硅和 TCS、DCS 等在内的大量尾气。由于缺乏核心技术，使这些废气废液污染物无法得以回收处理，只能靠下游厂商处理。事实上，随着光伏产品数量激增，其产生的有毒有害气体已经远远超过了光伏产业自身的消化能力。这一结果背离了我国发展太阳能光伏产的初衷，甚至在某种程度上加剧了环境污染。因此，太阳能光伏产业的创新目标不应该仅仅强调获得绿色产品，更应该同时关注清洁生产和绿色工艺，即绿色创新的另一种模式——绿色过程创新。

因此，本章将太阳能光伏产业绿色创新界定为涵盖绿色产品创新和绿色过程创新两种创新模式的一类环境友好型创新活动。

3.3 太阳能光伏产业绿色创新生态系统理论模型

创新生态系统这一最新创新理论范式，自诞生以来受到理论界和实业界的广泛关注。相较于以往"技术创新论的线性模型"，该理论借助生态系统理论能够对系统内的参与主体多元共生、协同演化行为进行生动刻画。在创新生态系统发展背景下，产业采取类似生物群落"成群聚居"的创新发展策略，形成互补共生的创新系统，即产业创新生态系统。由于产业创新生态系统是一个庞大的多元复杂系统，其中涉及参与主体和它们间的关系、内外部环境制度、演化规则等多方面内容，所以学者们从不同视角对产业创新生态系统的构成进行分类。例如，大卫（David）从宏观视角对产业创新生态系统的框架进行研究后指出，产业创新生态系统是由技术和知识、制度以及参与者网络三个模块组成[139]。孙源则更加关注产业创新生态系统内的各参与主体、它们的行为表现以及由此构成的错综复杂的网络关系。他认为产业创新生态系统是由创新群落、产业体系、创新环境和创新资源共同构成的[140]。

为了更好地在微观和宏观视角之间无障碍切换研究，本书在借助已有研究成果的基础上，首先从微观视角对太阳能光伏产业绿色创新构成要素进行分析，然后理清构成要素之间关系，利用超网络思想，构建宏观层面的太阳能光伏产业绿色创新生态系统模型。

3.3.1 太阳能光伏绿色创新生态系统构成要素

1. 创新群落

根据生态学理论，自然界由具有不同生命特征的生物体组成的各种生态群落，以及它们与自然环境之间的复杂关系构成。因此，在产业创新生态系统中，创新群落同样是非常重要的构成要素之一。在太阳能光伏产业绿色创新生态系统中，高校、科研机构、企业、中介服务机构及政府等被视作创新系统中的主要参与者。其中，高校、科研机构和企业是创新知识的主要生产者，同时，企业还担负着创新成果转化者以及产品生产者的角色。中介服务机构是创新知识的传递者，通过它们创新知识得以更快速传播和成果转化。虽然政府并不自己产生创新成果，但可以通过制定一系列政策，营造创新环境和氛围，从而引导创新知识生产者的创新走向，影响产品生产者的生产策略。

2. 产业体系

产业体系由特定的产业模块、参与主体行为以及产业约束条件构成，其目标是实现产业创新生态系统高效且有序运行。产业体系实质上是创新群落内部以及创新群落之间的各类连接关系的集合。如创新知识生产者群落内部的参与者之间因为合作生产创新知识（专利、论文），或引用他人创新知识而建立起联系；创新知识转化者因为使用创新知识生产者群落产生的知识而建立起联系；产品生产者在利用创新知识生产产品过程中，因为物流、资金流的流动而建立起联系。由此可见，产业体系中各群落间的各类联系，使信息流、物流、资金流在系统内交互作用，进而实现降低创新成本的同时，达到效益最大化。

3. 创新环境

创新环境一般包括内部环境和外部环境两类。内部环境通常包括企业文化、企业制度、教育水平等方面。而就企业是否采取绿色创新来看，还受制于企业家精神、员工的环保意识等。外部环境主要是指社会政治经济水平、产业经济发展水平、地理环境、法律法规和经济政策等宏观层面的环境因素。由于绿色创新所特有的外部性特征，使它常被社会制度影响，因此，相较于传统创新而言，外部环境在绿色创新生态系统中起着举足轻重的作用。绿色创新生态系统中的企业正是在来自外部环境的政府规制压力、市场环保规范压力、邻居的绿色认知压力以及来自其内部环境的决策层压力作用下，基于自身认知能力对多重压力的权重进行排序，以获得生存所需的合法性。

4. 创新资源

产业体系中的各类联系打通了创新群落之间的关系，使信息流、物流以及资金流得以顺畅流动。而这三流在系统内外间流动，产生无数资源，造就了一个充满生命力的产业创新生态系统。创新资源主要包括知识资源、技术资源、信息资源、资金资源、人力资源和基础设施资源等。其中知识资源是指专利、知识产权、公开发表文献等。技术资源是指科技成果、技术流程、生产诀窍等。资金资源是指创新主体为实现创新所付出的货币、实物、债权等。人力资源是指大学和科研机构的研究人员、企业科研人员和技术工人等。他们是生产创新知识和创新成果转化的行为主体，在创新活动中起到基础性和决定性的作用。基础设施资源是指实现创新所需提供的设备、仪器、厂房和场地等。

3.3.2 太阳能光伏产业绿色创新生态系统超网络模型

在详细剖析产业创新生态系统构成要素的基础上，根据各类要素的属性以及在系统中发挥的作用，利用纳古尼的超网络理论，将这些要素分别建模为各层子网，然后再集成为超网络。

1. 产业绿色创新生态系统超网络中各层子网络的建模分析

现有研究普遍认为，创新生态系统包含两个子系统，即知识生态系统和商业生态系统。绿色创新由于其所特有的外部性特点，使企业的这类创新被学者们认定为是一种对环保标准的主动响应行为。企业在其天然属性（即逐利性）和社会伦理性的共同作用下，作出是否进行绿色创新以及如何进行绿色创新的决策。此时经济制度和环境约束制度，以及两种制度之间的关系和比重，将直接影响到企业的绿色创新行为表现。绿色创新生态系统中创新环境要素成为众多要素中的重中之重，因此，本文在已有研究基础上提出，绿色创新生态系统应包含三个子系统，它们分别是环境子网络、知识子网络和商业子网络。

（1）知识子网络 K（knowledge-based network，创新成果网络）：表示绿色知识制造过程。一个知识生产者代表一个新节点，当一个节点引用其他节点以往的创新成果并在此基础上产生新的绿色知识时，或者一个节点与另一个节点合作生产出新的绿色知识时，将两个节点连边。需要注意的是，在该网络中的绿色知识不仅包括科技文献数据，还包括专利数据，知识生产者包括高校、科研机构、企业等行为主体。此时构造出的知识子网络为 $G_K = (K, E_{k-k})$，其中 $K = \{k_1, k_2, \cdots, k_n\}$ 是有限实体集合，并且

$$E_{k-k} = \{(k_i, k_j)\}, \ i, j = 12, \cdots, n \tag{3.1}$$

$$(k_i, k_j) = \begin{cases} 1, & 存在引用关系或合作关系 \\ 0, & 无关系 \end{cases} \tag{3.2}$$

K 中的元素 $k_1, k_2, \cdots, k_n$ 是网络 G_K 的点集合，E_{k-k} 中的元素 (k_i, k_j) 为 G_K 的边集合。

（2）环境子网络 E（environmental network，政策工具网络）：表示各类环境制度和经济政策制造和传播过程。其中一个环境制度制造者或者传播者代表一个新的节点，当一个节点执行另一个节点所制定的环境政策，或者传播该环境政策时，将两个节点连边，环境网络是其他子网络演化的外驱动力。此时，将该环境子网络定义为 $G_E = (E, E_{e-e})$，其中 $E = \{e_1, e_2, \cdots, e_n\}$ 是各级相关政策的有限集，并且

$$E_{e-e} = \{(e_i, e_j)\}, \ i, j = 1, 2, \cdots, n \tag{3.3}$$

$$(e_i, e_j) = \begin{cases} 1, & 其中一个是因另一个产生 \\ 0, & 无关系 \end{cases} \tag{3.4}$$

其中 E 中的元素 $e_1, e_2, \cdots, e_n$ 是网络 G_E 的点集合，E_{e-e} 中的元素 (e_i, e_j) 是网络 G_E 的边集合。

（3）商业子网络 B（business network）：表示实体产品制造和交易过程。当两实体间有实物交易活动产生时，将两个节点连边，由此构成商

业子网络为 $G_B = (B, E_{b-b})$，其中 $B = \{b_1, b_2, \cdots, b_n\}$ 是有限实体集合，并且

$$E_{b-b} = \{(b_i, b_j)\}, \quad i, j = 1, 2, \cdots, n \tag{3.5}$$

$$(b_i, b_j) = \begin{cases} 1, & \text{两者有实物交易关系} \\ 0, & \text{无关系} \end{cases} \tag{3.6}$$

B 中的元素 b_1，b_2，$\cdots$，b_n 是网络 G_B 的点集合，E_{b-b} 中的元素 b_i，b_j 为 G_B 的边集合。

2. 产业绿色创新生态系统超网络中子网络集成建模

太阳能光伏产业绿色创新生态系统超网络模型中子网络之间共存在三种关系：

（1）政策制度与知识创造者的映射（$E-K$）：表示知识创造者的绿色知识生产行为受到政府政策的影响。

$$K(E_i) = \{k_j | k_j \in K, \theta(e_i, k_j) = 1\} \tag{3.7}$$

$K(E_i)$ 表示受到某政策影响的知识创造者 k_j 的集合，$\theta(e_i, k_j) = 1$ 表示知识创造者 k_j 受到政策 e_i 的影响。

（2）政策制度与产品生产者的映射（$E-B$）：表示产品生产者的生产行为受到政府政策的影响。

$$B(E_i) = \{b_j | b_j \in B, \theta(e_i, b_j) = 1\} \tag{3.8}$$

$B(E_i)$ 表示受到某政策影响的产品生产者 b_i 的集合，$\theta(e_i, b_j) = 1$ 表示产品生产者 b_j 受到政策 e_i 的影响。

（3）知识创造者与产品生产者的映射（$K-B$）：表示产品生产者使用知识创造者的绿色创新知识成果。

$$B(K_i) = \{b_j | b_j \in B, \theta(k_i, b_j) = 1\} \tag{3.9}$$

$B(K_i)$ 表示使用某绿色知识成果的产品生产者 b_j 的集合，$\theta(k_i, b_j) = 1$ 表示产品生产者 b_j 采用知识创造者 k_i 的绿色知识。

3. 产业绿色创新生态系统超网络模型

超边的定义：

$$SE = \{k_i, \ e_j, \ b_m | \theta(e_j, \ k_i) = 1, \ \theta(e_j, \ b_m) = 1, \ \theta(k_i, \ b_m) = 1\}$$

$$(3.10)$$

超边 SE 表示知识创造者受政策影响生产绿色知识，产品生产者受政策影响应用绿色创新知识进行生产。

建立的超网络模型为 $KEB = \{A, \ E, \ B, \ SE\}$，如图 3-3 所示。

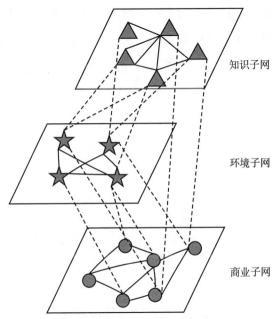

图 3-3　太阳能光伏产业绿色创新生态系统网络框架

太阳能光伏产业绿色创新效率应该从多方面来衡量，不能仅考虑绿色产成品的经济效益，还需要考虑生产过程中带来的环境绩效问题，这就需要从整个商业子网络视角考量。从该超网络可以看出，太阳能光伏产业的绿色创新问题同时受到来自环境子网和知识子网的影响，且它们之间的影响是非线性的。这也使对行业中企业绿色创新影响因素的研究变得更加复杂。

3.4 本章小结

　　本章在对绿色创新的概念以及创新模式分类进行回顾的基础上，指出现今我国太阳能光伏产业发展中存在的问题，并由此对太阳能光伏企业绿色创新的范畴进行了重新界定，明确了研究界限。然后利用超网络理论，构建太阳能光伏产业绿色创新生态系统，从创新生态系统视角对产业绿色创新的行为以及各主体间的关系进行定性分析，为后续的定量化研究打下基础。

第 4 章

企业绿色创新影响因素研究

绿色创新是一个复杂过程，绿色创新影响因素具有复杂性和多样性特征。仅仅将绿色创新的各影响因素简单线性叠加并不能获得绿色创新收益。本章在对文献进行梳理的基础上，分析了太阳能光伏绿色创新相关影响因素和作用机理。创新过程以及创新主体之间关系非常繁复，无法仅凭借经验判断或简单推理分析绿色创新的发展机理。本章选取2006～2009年中国太阳能光伏产业发明专利和已发表论文数据，利用系统动力学方法，构建绿色创新影响因素模型，选取2010～2016年中国太阳能光伏产业发明专利和已发表论文数据对该模型的正确性进行验证。然后，通过对各参数敏感性分析，提取对绿色创新影响显著的三种因素，为后续影响因素协同性分析打基础。

4.1 绿色创新动力系统的因果关系分析

1. 绿色创新主体

企业绿色创新主体主要由企业、科研院所和高校、政府等组成，其中企业在创新过程中占据重要地位，科研院所和高校在绿色创新中起到助力作用，政府则在绿色创新中发挥着引导作用。由于三类参与主体在绿色创新过程中扮演的角色和职能存在着显著差别，故本章依据参与主体的行为特征，将绿色创新系统划分为企业绿色创新子系统、产学研合作创新子系统和政府引导子系统。

2. 绿色创新模型构成要素

绿色创新系统常被视作复杂巨系统，不仅在于参与主体的多元性，更主要原因是参与主体的各项行为以及主体之间的关系错综复杂，这也造成很多绿色创新现象无法通过对影响因素进行简单的线性叠加来解释说明。为了最大化的还原企业绿色创新行为，应在充分考虑绿色创新主体间信息流、物流、资金流以及绿色创新所特有的环境收益的基础上，将绿色创新过程中企业、科研机构的各种技术创新投资活动、技术溢出行为、政府的各项技术投资、绿色创新补偿行为纳入模型构成中来，进行总结提取后构成模型的关键要素。

3. 绿色创新收益评价指标

绿色创新收益主要表现在经济收益、技术创新能力收益以及环境收益三个方面。为了方便度量，本章用产值反映经济效益，相关论文数量、发明专利申请量反映技术创新能力收益，节能减排程度反映环境收益。

在此基础上，对各子系统中因果关系进行描述，为进一步剖析整个系统的内部因果关系打下基础。

4.1.1 企业独立创新子系统

企业是绿色创新活动的主体，既是绿色创新活动成果的生产者，也是创新成果的使用者。在整个绿色创新活动中，企业起着"发动机"的作用。创新周期与创新频率受制于企业自身的知识存储量和技术人力资本投入比例，同时还受到消费者环保意识和绿色消费需求的影响。

根据以上分析，绘制企业绿色创新子系统因果关系图，如图 4 – 1 所示。

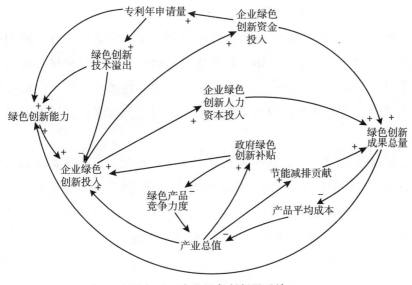

图 4 - 1　企业绿色创新子系统

提升绿色创新能力是构建每一条回路时的根本出发点。另外，由于专利是绿色创新回报率的主要体现指标[144]，且是企业绿色创新能力的显性表现，故将绿色创新能力以年申请专利数量、绿色创新隐性成果总量以及产业内绿色创新技术溢出量三部分衡量。其他中间变量的引入，均与企业绿色创新行为相关，体现了企业绿色创新活动的关联性。企业绿色创新能力的提升影响企业绿色创新投入量，企业绿色创新投入量和来自政府的创新补贴一同决定了企业绿色创新技术投入和人力资本投入比例，两者的创新收益与企业节能减排贡献量组成了绿色创新成果总量，创新成果总量将促进绿色创新能力提升。这样的闭合环路使得企业绿色创新活动能够稳定运转。

4.1.2　企业间及产学研合作创新子系统

根据合作创新的对象不同，可以将企业合作创新分为企业间合作创新以及产学研合作创新。而科研机构和高校作为产学研合作创新的主要参与者，扮演着企业绿色创新活动助力器的角色。借助科研机构和高校的科研力量，企业不但可以缩短研究周期，还可以获得更高质量的研究成果。因此，产学研合作创新形成的科研成果支撑行业绿色创新快速推进。在这个子系统中，因果关系以企业、科研机构和大学的绿色创新活动行为为基础，构成了合作创新科研成果体系，是系统衍生的重要环节。

根据图 4-2 所示，合作创新成果主要表现为发表论文数量以及专利数量，合作创新显性成果与绿色创新隐性成果共同提升了绿色创新能力。绿色创新能力的提升促进了企业绿色创新投入，绿色创新投入的增加提升了产学研合作创新投入比例。科研机构收到来自企业的合作创新资金以及政府对科研机构的创新补贴投入绿色创新研究，并以知识的形式表现出来。可见，产学研合作与企业绿色创新产出紧密相关，产学研合作创新是推进企业创新乃至产业创新的重要动力之一。

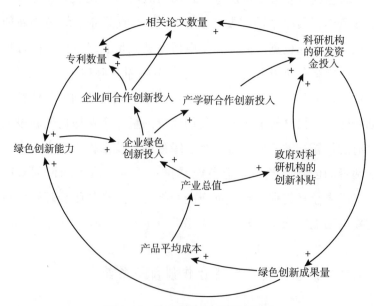

图 4-2　产学研合作创新子系统

4.1.3 政府绿色创新引导子系统

"双重外部性"是绿色创新不同于一般创新的最重要特性。绿色创新因为提高了资源使用率，减少了原材料的消耗而产生环境效益。对社会来说，这种溢出是积极的，但对于绿色创新企业而言，由于环境友好型产品的市场的价格不足以反映相关环境问题的外部性问题，企业获得的经济收益低于它投入的环境技术研发成本，自然影响了企业投资环境技术的积极性[145]。

在绿色创新活动中，政府部门虽然不直接参与创新活动，但却起到为企业绿色创新提供支持和引导的作用。政府直接的绿色创新补偿可以弥补企业进行绿色创新带来的双重外部性，提高企业绿色创新积极性。因此，政府绿色创新引导子系统是绿色创新系统中不可或缺的部分。

如图4-3所示，该子系统共有三条回路。从中可以看出，政府虽然并不直接参与绿色创新活动，但作为政策的制定者和宏观调控的主要实施者，对绿色创新主体及其资源的调节以及对市场的引导有重要作用。政府通过提供补贴以提高企业和科研机构绿色创新积极性，进而提

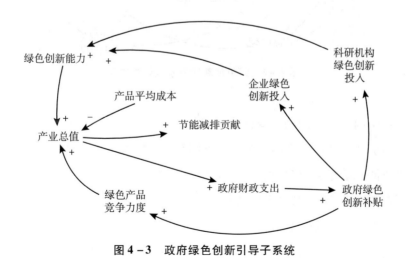

图4-3 政府绿色创新引导子系统

升绿色创新能力。此外，政府利用宣传手段提高消费者的环保意识，引导市场对绿色产品的需求，提高绿色产品市场竞争力。这个特殊子系统调节着绿色创新政策力度和政策组合方式，是企业绿色创新的重要影响因子。

4.1.4 绿色创新动力系统主要回路分析

将上述子系统进行整合，形成绿色创新动力系统的因果关系图，如图4-4所示。

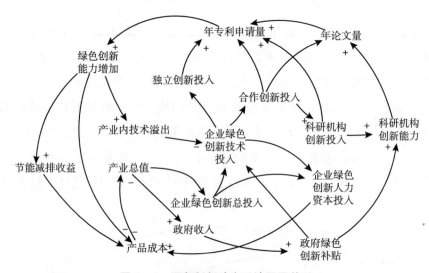

图4-4 绿色创新动力系统因果关系

这个因果关系图的主要回路描述如下：

（1）产业内技术溢出—企业绿色创新技术投入—独立创新投入—年专利申请量—绿色创新能力增加—产业内技术溢出。这是一条负反馈回路，表明了在高科技产业，技术溢出水平过高将抑制企业绿色创新动力。

（2）产业内技术溢出—企业绿色创新技术投入—合作创新投入—科研机构创新投入—年专利申请量—绿色创新能力增加—产业内技术溢

出。该条回路揭示了技术溢出同样会影响合作创新的积极性。

（3）绿色创新能力增加—产品成本—产业总值—企业绿色创新总投入—企业绿色创新技术投入—独立创新投入—年专利申请量—绿色创新能力增加。绿色创新能力增加可以推进绿色创新进程，为企业绿色创新带来良性循环。

（4）绿色创新能力增加—节能减排收益—产品成本—产业总值—政府收入—政府绿色创新补贴—企业绿色创新技术投入—独立创新投入—年专利申请量—绿色创新能力增加。这是一条正反馈回路，主要表明绿色创新可以减少对环境的污染，进而带来环境收益。环境收益应视作社会收益，但对于企业来说却无法从直观收益体现出来，这就要求政府给予适当的补偿政策，唯有政府参与才能够促进整个产业绿色创新的良性循环。

（5）企业绿色创新总投入—企业绿色创新人力资本投入—产品成本—产业总值—企业绿色创新总投入。这一正反馈回路表明绿色创新人力资本的投入同样带动企业绿色创新，提高产业总值。

4.2　绿色创新系统动力学流图构建

在上述因果关系图基础上，引入绿色创新动力系统运行时所需要的其他变量，可构建绿色创新系统流图，如图 4-5 所示。

如图 4-5 所示，将相关论文数、技术溢出量、产业总值、污染减排贡献量 4 个状态变量作为边界衡量变量引入本研究模型。通过这几个变量围合而成的系统内变量之间呈现交叉关系，即一个变量可能是其他多个变量的原因，各变量之间存在着直接或间接关系。而变量之间这种交错关系体现了系统内复杂的逻辑关系。该系统流图反映了在绿色创新过程中，各参与主体的创新行为对系统产生的作用效果。

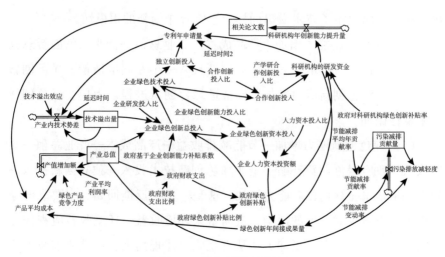

图 4-5　绿色创新系统流图

4.3　中国太阳能光伏产业绿色创新动力学仿真

4.3.1　模型基本假设、变量及方程

1. 基本假设

为了使得模型更加合理，现提出以下基本假设：

假设1：中国太阳能光伏产业绿色创新问题是一个系统性问题，从系统发展连续性、渐进性的视角出发，本模型不考虑非正常原因（如金融危机等因素）引起的模型内变量的变化，也不考虑过程中因资源短缺等暂时性原因而造成的变量突变。换言之，本模型不考虑短期突发性波动，认为从长期来看，人、财、物等资源供给均是稳定的。

假设2：绿色创新能力大小是由其技术创新经费投入量和人力资本投入量决定的，在同样外部环境中，绿色创新相关因素投入越多，其产出也就越多，反之则越小。

假设 3：绿色创新系统的动力主要来源于企业创新投入、科研机构绿色创新投入、绿色产品市场竞争力、政府政策引导以及产业内技术溢出等因素。

假设 4：在产业快速成长的过程中，当成本足够低时，需求量将随着时间无限量增长，即产业总产值仅受到产品成本的影响。

2. 变量及方程

本模型中的数据主要来自《中国能源统计年鉴》、各地区太阳能光伏统计报告、国家知识产权局、中国知网以及北极星太阳能光伏网等。其中，筛选 2006～2009 年中国太阳能光伏产业相关发明专利数据以及 2006～2009 年正式发表的太阳能光伏相关学术论文数据作为模型构建数据；2010～2016 年太阳能光伏产业发明专利数据和相关学术论文数据作为模型验证数据。

本模型中的核心变量包括相关论文数量、专利年申请量以及绿色创新年间接成果量，这三个指标共同体现了绿色创新能力提升水平。

相关论文数 $= NTEG($ $-53.181 \times SQRT$（科研机构年创新能力提升量）$+388.83 \times SQRT$（$SQRT$（科研机构年创新能力提升量））-289.5，$192)$，其中，根据趋势曲线拟合，趋势外推获得各系数，而起始值 192 为截至 2006 年为止的太阳能光伏发表论文数量，是绿色创新直接成果的重要指标之一。

专利年申请量 $=1.532 \times DELAY1$（相关论文数，延迟时间 2）$+3.097 \times$ 独立创新投入 $+2.986 \times$ 科研机构的研发资金 -1301，其中各项系数依靠多元回归分析获得。

绿色创新年间接成果量 $=1.54 \times$ 节能减排贡献率 $+6.78 \times$ 企业人力资本投资额 $-1.76 \times$ 科研机构的研发资金，其中，由于该模型中年间接成果量数据无法直接获得，进而造成回归分析方法无法使用，因此，依据以往研究经验，首先利用多名专家对各参数打分、排序、求均值[146]，然后再通过验算修正的方法最终获得以上各变量的系数值。

产品成本 $=800.1-0.044 \times SQRT$（专利年申请量）$-0.031 \times$ 绿色

创新年间接成果量，该数学模型是在参考已有研究[147]基础上构建而来，然后在此基础上进行验算修正，得到以上各变量系数。

产值增加额 = 产值 × 绿色产品竞争力度 × 平均利润率 – 平均成本

产业总值 = NTEG（产值增加额，431.3），根据《中国光伏产业发展研究报告》对 2006 年太阳能光伏生产的调查结果，太阳能光伏生产的各环节利润率为：多晶硅材料 56.16%，硅片 12.33%，太阳能电池 15.07%，太阳能电池组件 16.44%。利用 2006 年产业投资额计算产业总值约为 431.3 亿元，因此将产业总值初值定为 431.3。

该绿色创新系统中的中间变量包括企业绿色创新总投入、企业绿色技术投入、企业绿色创新资本投入、政府财政支出、节能减排贡献等变量。这些变量不但反映了绿色创新活动中各主体之间的交互关系，还反映了各参与主体绿色创新的过程与路径，以及在此期间的影响因素。中间变量是绿色创新复杂性的重要表现。

企业绿色创新总投入 = 产业总值 × 企业研发投入比 + 政府绿色创新补贴

× 政府基于企业创新能力补贴系数

+ LN（技术溢出量）

企业绿色技术投入 = 企业绿色创新总投入 × 企业绿色创新能力投入比

企业人力资本投入 = 企业绿色创新资本投入 × 人力资本投入比

企业绿色创新资本投入 = 企业绿色创新总投入

× (1 – 企业绿色创新能力投入比)

合作创新投入 = 企业绿色技术投入 × 合作创新投入比

独立创新投入 = 企业绿色技术投入 × (1 – 合作创新投入比)

科研机构的研发资金 = 合作创新投入 × 产学研合作创新投入比

+ 政府绿色创新补贴

× 政府对科研机构绿色创新补贴率

政府财政支出 = 产业总值 × 政府财政支出比例

政府绿色创新补贴 = 政府财政支出 × 政府绿色创新补贴比例

污染排放减轻度 = 节能减排变动率 × 污染减排贡献量 + 产业总值 ×

0.000833，结合目前我国太阳能光伏产业生产现状，其节能减排主要来自下游太阳能光伏替代传统能源发电。根据世界自然基金会（WWF）统计，在我国平均日照条件下，安装 1 千瓦光伏发电系统，1 年可发 1 200 度电，可减少煤炭使用量约 400 千克，减少二氧化碳排放量约 1 吨。进而得到系数 0.000833 为使用太阳光伏发电时每度电减少二氧化碳排放比例，本书使用该比值作为污染排放减轻度系数以计算产值与污染排放减轻程度之间的关系。

常量是在一定时期内相对稳定的量，是各参与主体行为决策的重要体现，反映了创新主体面对各种变量刺激后的应对决策，是各自创新战略的缩影。同时，常量在仿真系统中也起到了调控整个系统发展的作用。本系统中的相关常量如表 4 - 1 所示。

表 4 - 1　　　　　　太阳能光伏绿色创新动力系统常量

名称	系数
技术溢出效应	0.2
企业研发投入比	0.007
企业绿色创新能力投入比	0.4
合作创新投入比	0.43
产学研创新投入比	0.6
人力资本投入比	0.5
政府基于企业创新能力补贴系数	0.063
政府对科研机构绿色创新补贴率	0.023
绿色产品竞争力度	0.2
产业平均利润率	0.25
政府财政支出比例	0.03
政府绿色创新补贴比例	0.32
节能减排平均年贡献率	3.2
节能减排变动率	0.28

4.3.2 模型有效性检验

为了检验模型的一致性和可用性，本节选取显性知识——年专利量以及相关论文数量作为绿色创新能力衡量指标，设定模型的模拟条件如下：

初始时间 = 2010，单位：年；

结束时间 = 2016，单位：年；

时间步长 = 1，单位：年；

模型模拟的时间设定为 2010 ~ 2016 年，时间为 7 年。

运行该系统动力学模型，将模拟数据与实际衡量绿色创新能力的指标数据进行比较，如果模拟数据与实际数据相吻合，证明模型有效。具体对比结果如表 4 - 2 所示。

表 4 - 2　　　　　　　　实际数据与模拟数据对比结果

年份	年专利量			相关论文数		
	实际值	模拟值	误差率	实际值	模拟值	误差率
2010	895	872.944	0.0246	804	761.769	0.0525
2011	1 203	1 103.6	0.0826	889	886.544	0.0028
2012	1 333	1 330.53	0.0019	996	1 005.01	- 0.009
2013	1 573	1 550.36	0.0144	1 165	1 117.44	0.0408
2014	1 790	1 761.69	0.0158	1 266	1 224.05	0.0331
2015	2 069	1 964.05	0.0507	1 338	1 324.05	0.0104
2016	2 243	2 157.4	0.0382	1 458	1 420.59	0.0257

从表 4 - 2 中可以看出，模拟值与实际值之间的误差率基本都在 0.05 左右，由此可见，模型拟合度较好，所描述的系统行为与实际绿色创新行为基本相符。故可以推断，模型中变量的选取是合理的，由该模型确定的系统动力学影响要素是合理的。

4.3.3 参数敏感性分析

通过太阳能光伏产业绿色创新系统动力学模型进行分析不难发现，影响产业绿色创新的因素众多，且各因素之间存在着相互制约或促进的交互关系。面对数量众多、关系错综复杂的影响因素，如何辨识对绿色创新影响较大的因素，并有针对性的分析这些因素对绿色创新收益的影响，更进一步剖析影响因素之间的相互协同作用关系，是目前研究亟待解决的问题。

本节利用动力学系统中的节能减排年贡献率、政府绿色创新补贴率、合作创新投入比、绿色产品竞争力度、技术溢出效应以及产业平均利润率各参数的灵敏性判断节能减排、政府补贴、合作创新关系、绿色产品市场需求、产品利润以及产业内技术溢出各因素对太阳能光伏绿色创新的贡献程度。

1. 节能减排年贡献率影响分析

绿色创新的根本目标是在维持生态可持续发展的前提下实现企业经济收益。在实践中，企业通过实施绿色创新减少对自然资源的过度浪费，减轻对环境的污染并从中获得社会环境收益，但事实上这并不是企业的最根本追求。作为直接经济收益的追求者，企业渴望通过创新活动减少生产成本，获得更多利润，因此社会环境收益仅是企业绿色创新总体收益的一小部分。

依次设置节能减排贡献率为初始值3.2，节能减排贡献率增加20%、40%以及60%，运行该模型后得到节能减排贡献量对绿色创新年间接成果量以及绿色创新能力显性知识量，即年专利量和相关论文数的影响，结果如图4-6~图4-9所示。

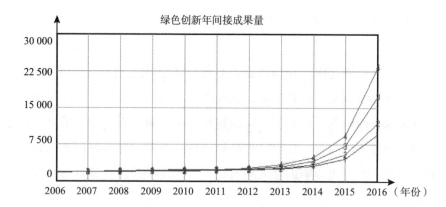

图4-6 节能减排贡献率对绿色创新年间接成果的影响

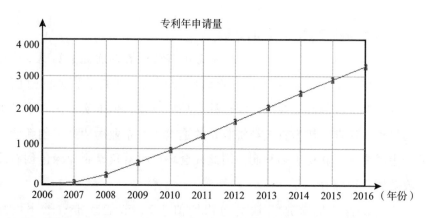

图4-7 节能减排贡献率对专利年申请量的影响

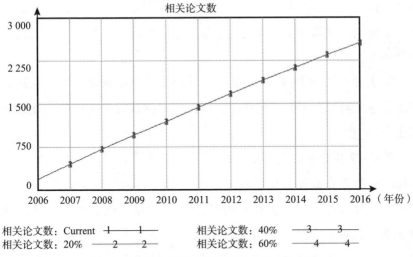

图 4 - 8　节能减排贡献率对相关论文数影响

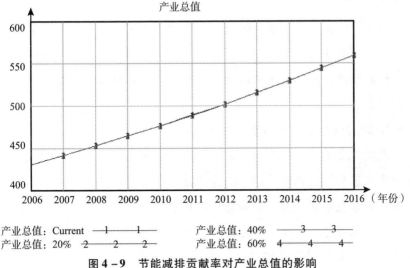

图 4 - 9　节能减排贡献率对产业总值的影响

由图 4 - 6 可以看出，随着节能减排贡献率的递增，绿色创新年间接成果量呈现明显递增趋势。由于绿色创新年间接成果量包括绿色创新的环境收益以及人力资本收益两个方面，因此节能减排贡献率对绿色创新年间接成果量的影响实际上是对其中环境收益部分的影响。也就是说，节能减排贡献增加可以为企业带来更多的社会环境收益，赢得良好社会声誉。

但从图4-7和图4-8可见，节能减排贡献率的增加对专利数量以及相关论文数量几乎无任何作用，因此，节能减排无法提升企业绿色创新能力。

图4-9更是可以看出，节能减排贡献率对直接经济效益的代表性变量——产业总值无明显影响。这一定量分析结果充分说明仅凭社会舆论以及环保压力无法促使企业持续地进行绿色创新活动。通过绿色创新活动，企业为社会创造了环境收益，但却无法从中得到应有的回报，相较于一般创新活动，企业的很难通过这样的创新活动获得全部经济收益，这也导致企业缺乏持续性的创新动力，难以实现持久性的绿色创新[148]。

为了促使企业进行绿色创新，显然单单依靠企业从中获得的社会环境收益是无法实现的。这就要求政府等有关部门采取有效手段介入企业绿色创新活动，利用恰当的政策工具组合或技术补偿对其绿色创新活动进行引导。

2. 政府绿色创新补贴率影响分析

正如上文所说，单单依靠企业自身力量以及社会环保压力无法促使企业主动进行绿色创新活动，因此，分析作为宏观政策制定者的政府部门对企业绿色创新行为的影响是非常必要的。

分别对绿色创新补贴率为初始值0.32，绿色创新补贴率增加20%、40%和60%四种情况下的绿色创新动力学系统进行模拟，得到其对绿色创新年间接成果量、年专利数量和相关论文数的影响，如图4-10～图4-12所示。

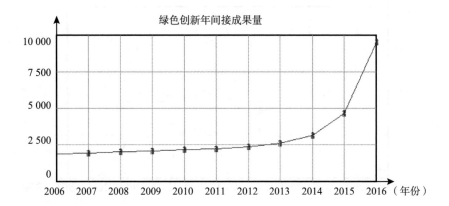

图 4-10 政府绿色创新补贴率对年间接成果量的影响

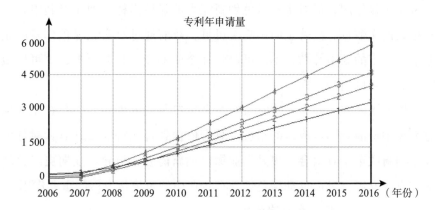

图 4-11 政府绿色创新补贴率对专利年申请量的影响

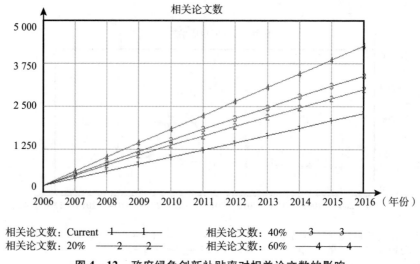

相关论文数：Current   1————1————
相关论文数：20% ————2————2————
相关论文数：40% ————3————3————
相关论文数：60% ————4————4————

图 4 - 12　政府绿色创新补贴率对相关论文数的影响

　　由以上三图可以看出，增加政府绿色创新补贴对绿色创新年间接成果量无明显作用，但对企业绿色创新能力的显性指标，即年专利申请量和相关论文数具有显著正向影响。可见，政府通过对实施绿色创新的企业给予一定的政策补贴，不但可以弥补企业的经济收益损失，更可以激励企业绿色创新积极性。

　　整个绿色创新过程，政府虽然不直接参与技术创新，但却在企业绿色创新中扮演着不可或缺的角色。政府依据各行业特征设计有针对性的绿色创新政策工具组合，提升企业绿色创新能力，引导产业向更绿色环保的方向发展，进而推动绿色创新在企业中健康稳步发展的重要作用。

　　3. 合作创新投入比影响分析

　　选取合作创新投入比衡量合作创新比例对企业绿色创新效果的影响。为分析合作创新投入比对太阳能光伏产业绿色创新系统的影响，分析合作创新投入比初始值 0.43 以及将其增加 20%、40%、60% 的情况下，年专利量和相关论文数两项指标的变化情况，如图 4 - 13 和图 4 - 14 所示。

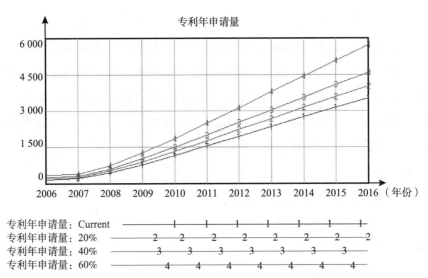

图 4 – 13　合作创新投入比对专利年申请量的影响

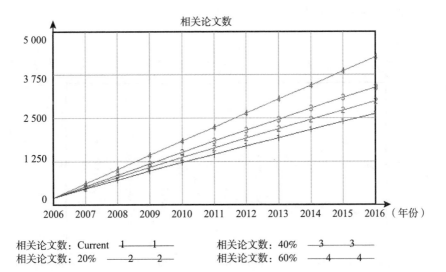

图 4 – 14　合作创新投入比对相关论文数的影响

　　由图 4 – 13 和图 4 – 14 可知，合作创新投入比重对企业绿色创新显性知识存量有显著的正向效应，年专利数以及相关论文数量随着合作创新投入比增加而显著提升。

显然，与独立创新相比，合作创新对企业推进绿色创新具有更明显的正效应。在传统创新活动中，由不同类型的创新主体构成的合作网络主要功能为促进资金流以及信息流在各主体之间更加顺畅地流动，但在绿色创新合作网络中，与科研机构、高校以及产业内的其他企业进行合作，更多是为了获得额外创新知识。通过合作形式，企业可以分享创新技术，利用各自优势开展技术创新活动，缩短创新周期，提高创新成果质量和数量。

4. 绿色产品竞争力度影响分析

产品竞争力是市场需求最直接表现，为了解其对企业绿色创新的影响，分别对绿色产品竞争力度初始值为 0.2，绿色产品竞争力度增加 20%、40% 和 60% 四种情况的绿色创新动力学系统进行模拟，以发现其对产业总值、绿色创新年间接成果量、年专利量以及相关论文数量的影响，如图 4－15 ~ 图 4－18 所示。

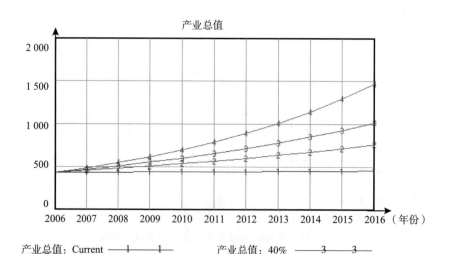

图 4－15　绿色产品竞争力度对产业总值的影响

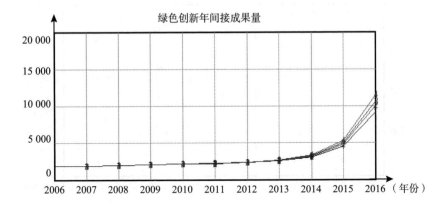

图 4 - 16　绿色产品竞争力度对年间接成果量的影响

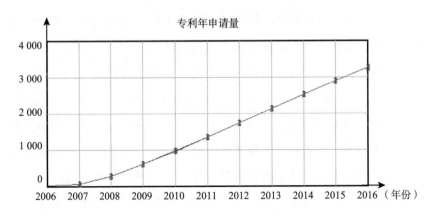

图 4 - 17　绿色产品竞争力度对年专利数量的影响

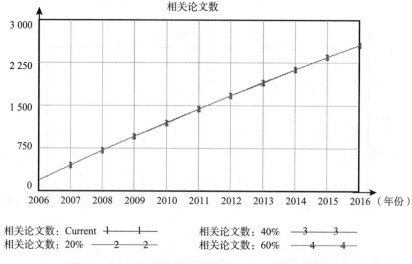

相关论文数

相关论文数：Current —1——1——　　　相关论文数：40%　——3——3——
相关论文数：20%　——2——2——　　　相关论文数：60%　——4——4——

图4-18　绿色产品竞争力度对相关论文数量的影响

从图4-15可以看出，绿色产品竞争力度对产业总值具有明显的正向影响。因此，可以推断，绿色产品竞争力度的增强为整个产业带来跨越式发展，为整个行业的绿色化带来良性循环。

另外，从图4-16可以看出，绿色产品竞争力度对年间接成果量影响有正向影响，但效果不显著。对图中曲线进行详细分析后不难发现，2006~2014年期间绿色产品竞争力度的变化对年间接成果量没有任何影响；2015年始，4条曲线走势才发生微弱变化，说明绿色产品竞争力度对绿色创新年间接成果量的影响具有长期性，并且效果缓慢。

如果说绿色产品竞争力度对产业总值的影响是直接的，那么对年间接成果量的影响则是间接的。绿色产品竞争力度的增加促使市场中绿色产品消费需求的增大，进而引起产业总值的快速递增。但其对间接成果量的影响主要来自其对间接成果量中节能减排环境收益的影响。由于环境收益仅是绿色产品总收益中的一小部分，且同时受到产业总值提高的正向以及绿色产品双重外部效应的负向影响，使绿色产品竞争力度的变化对间接成果量作用不明显。

绿色产品竞争力度对两项绿色创新显性知识指标——年专利数量和相关论文数量的影响如图4-17和图4-18所示。显然，产品竞争力度增强对年专利数量和相关论文数量无影响。这一结果符合产业绿色创新的实际情况，作为经济利益的追求者，绿色产品竞争力度对经济收益的影响更加直接，而对绿色创新能力收益的影响并不显著。

5. 技术溢出效应影响分析

技术溢出效应普遍存在于企业技术创新过程中，而在绿色创新中其表现尤为显著。为刻画太阳能光伏行业中技术溢出效应对创新显性成果以及绿色创新模式的影响，分别设置技术溢出效应系数为初始值0.2，技术溢出效应系数增加20%，40%和60%四种情况，绘制年专利数量、独立创新投入以及产学研合作创新投入的变化曲线图，如图4-19~图4-21所示。

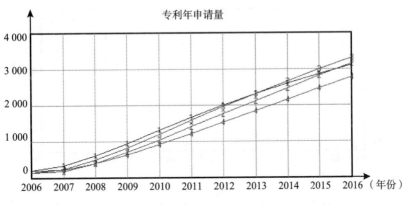

图4-19 技术溢出效应对年专利量的影响

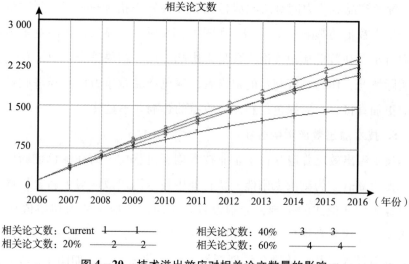

图4-20 技术溢出效应对相关论文数量的影响

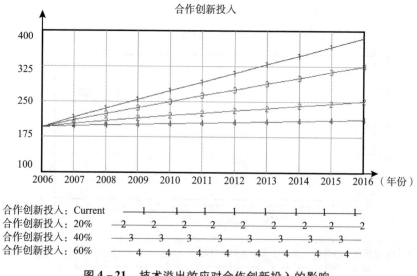

图4-21 技术溢出效应对合作创新投入的影响

技术溢出在绿色创新活动生命周期的不同阶段发挥的作用不同，且影响整个产业创新驱动因素随之发生变化。当产业绿色创新处于成长期时，核心创新主体为追求自身利益最大化，将创新重点放在投资回报率较高的技术上，而将外围技术让渡给中小型企业进行研究。此时产业内企业数量增加明显，且创新专利数量迅速增加，而知识溢出效应在此阶段起到了促进产业创新的作用。当绿色创新进入成熟期，知识溢出将促进新企业衍生，和产业内合作创新关系更加稳固。当绿色创新进入衰退期，由于产业内的部分企业很容易通过知识溢出获得外部资源，使其在技术创新上长期依赖外部资源，造成产业内企业丧失自主创新动力，此时的技术溢出对绿色创新出现了明显的抑制作用。技术创新进入衰退期的明显特征表现在专利数量开始减少，技术产出呈现衰减态势[149]。

从图 4 - 19 和图 4 - 20 就可以看出，技术溢出效应与企业显性知识——发明专利和相关论文的增长比例之间存在着倒 "U" 型关系。另外，图 4 - 21 可以看出，技术溢出效应的增加与合作创新关系之间存在显著相关性，但相关性方向不定。换言之，技术溢出效应适度增加可以促进合作创新关系发展，但当其增长量过大时，会对合作创新关系产生抑制作用。

6. 产业平均利润率影响分析

本系统中将产业平均利润率定义为产业平均销售利润率，等于（产业销售收入 - 产品成本）/产业销售收入。分别设置产业平均利润率为初始值 0.25，产业平均利润率增加 20%、增加 40% 和增加 60% 四种情况，刻画其对产业总值、企业技术创新能力显性知识指标——年专利申请量，相关论文数量以及企业年间接成果量的影响，如图 4 - 22 ~ 图 4 - 25 所示。

由图 4 - 22 ~ 图 4 - 25 可以看出，产业平均利润率对产业总值具有正向影响，即随着产业平均利润率的增加，产业总值显著提升。但产业平均利润率对年间接成果量仅存在极弱的正向影响，而对年专利数量和相关论文数量指标没有任何影响。根据产业平均利润率的公式可知，该系数的增加主要依靠提高销售收入或降低产品成本两种途径，而这两者均与企业销售和市场需求息息相关。因此，产业平均利润率增加带来的

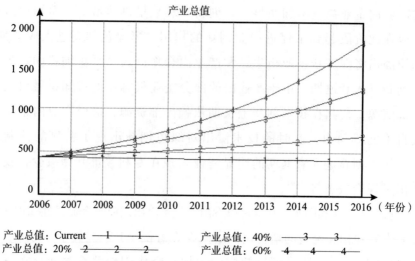

图 4 - 22　产业平均利润率对产业总值的影响

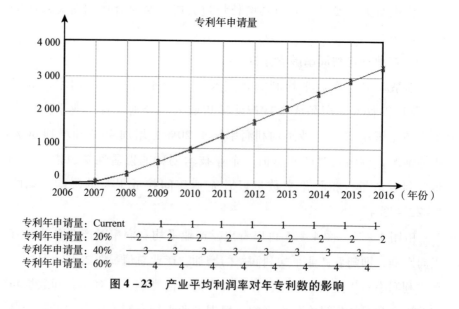

图 4 - 23　产业平均利润率对年专利数的影响

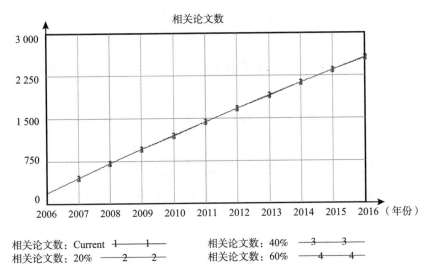

相关论文数：Current　1————1　　　相关论文数：40%　3———3
相关论文数：20%　2————2　　　相关论文数：60%　4———4

图 4 – 24　产业平均利润率对相关论文数的影响

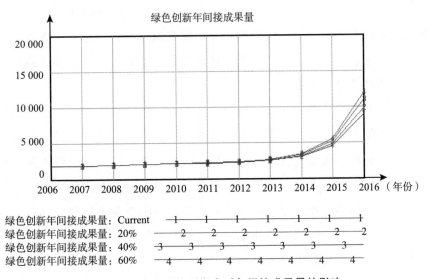

绿色创新年间接成果量：Current　1—1——1——1——1——1
绿色创新年间接成果量：20%　2—2——2——2——2——2
绿色创新年间接成果量：40%　3—3——3——3——3——3
绿色创新年间接成果量：60%　4—4——4——4——4——4

图 4 – 25　产业平均利润率对年间接成果量的影响

直接影响就是产业总值的变化。而企业绿色创新能力提升与产品市场之间关联路径较长，代表绿色创新能力指标的各项投入仅是产业总值中的一小部分，因此，尽管产业平均利润率增加促使产业总值增长，但经过企业的利润再分配之后，绿色创新能力指标的增长并不明显。

4.3.4 相关结论及政策建议

分别调整该动力学系统中的节能减排年贡献率、政府绿色创新补贴率、合作创新投入比、绿色产品竞争力度、技术溢出效应以及产业平均利润率六个主要参数，挖掘它们对太阳能光伏产业绿色创新的影响程度，在对各参数的敏感性结果进行分析后，得到以下几条结论并提出相应的政策建议：

1. 节能减排年贡献率增加为企业带来环境收益，这是绿色创新所特有一类收益，仅为企业绿色创新总收益的一小部分。环境收益并非企业进行技术创新最终目标，且环境收益具有双重外部性。因此，节能减排贡献增加并不能提升企业绿色创新能力，同时节能减排也无法成为企业绿色创新的主要驱动力。仅依赖企业环保意识和社会责任无法支撑其进行持久的绿色创新活动，唯有增加其他外部驱动力才能够促使绿色创新动力系统持续良性循环。

2. 政府绿色创新补贴是促进产业绿色创新的主要因素之一。政府虽然是绿色创新系统中主要参与者，但却并不直接参与创新活动，因此政府绿色创新补贴无法直接提升企业环境收益。政府在产业绿色创新活动中扮演着政策制定者和绿色创新引导者的角色，通过制定环境规制工具组合，可以推动产业内绿色创新活动进程，激励企业进行绿色创新。通过给予企业适当的绿色创新补贴，可弥补因进行绿色创新而造成的经济损失，使绿色创新能力显著提升。

3. 绿色产品竞争力度和产业平均利润率的增长对产业总值具有显著影响。但提升绿色产品竞争力度和产品平均利润率却并非易事。

一方面，太阳能光伏作为绿色产品在消费市场中对消费者同样具有双重外部性效应。消费者在购买此类绿色产品过程中，既可以满足正常的消费需求，还能够为消费者带来绿色消费效应。但这种绿色效应是间接的，单个消费者在绿色产品消费过程中所产生的生态环境保护作用，不仅使消费者本人受益，同时会使所有人受益。这种外部性不利于激励消费者个人支付额外的绿色成本，按经济人假设判断，消费者不愿意为环保绿色产品支付过高的价格。另一方面，多数消费者的消费观念受到产品价格影响，对绿色消费的内容和深度认识不足，对绿色消费的认识还停留在健康、安全较低层面的行业（如食品等）。

因此，绿色产品竞争力度和产品平均利润率很难在短时间内得到快速提升。降低绿色产品价格、提高市场竞争优势，改变社会公众传统消费观念，引导消费者主动参与绿色消费，需要企业、政府、社会公众共同努力才能够实现。

4. 合作创新投入与技术溢出效应两类系数对企业绿色创新能力提升具有显著影响。值得注意的是，技术溢出效应不但可以提升企业绿色创新能力，同时对合作创新关系具有显著影响，但其间的关系会随着不同情况而发生变化。合作创新投入与技术溢出效应之间两种因素之间具有协同性。

4.4　本章小结

本章对以往研究文献进行梳理，得到太阳能光伏产业绿色创新影响因素。利用系统动力学方法刻画该产业绿色创新全过程，展现各影响因素之间错综复杂的关系。研究以合作创新投入表示合作创新关系评价指标，对各影响因素灵敏性进行仿真模拟，结果显示政府创新补贴、合作创新关系以及技术溢出效应三者对企业绿色创新能力增长具有显著影响，且合作创新关系与技术溢出效应之间具有协同性。故选取政府创新补贴、合作创新关系以及技术溢出效应作为主要研究对象，在第 5 章中对它们之间的协同性进行深入研究。

另外，由于技术溢出效应与合作创新关系之间的关系走势尚有待深入研究，因此，本书将在下一章对技术溢出效应的形成机理进行深入剖析，以探究其对合作创新关系的影响。

第 5 章

政府补贴、技术创新能力对合作创新关系演化的协同影响

绿色创新是非常复杂的活动，它受到来自企业内部和外部的多种因素协同影响。克斯窦和德米雷尔就曾在其研究中指出，绿色创新过程中，政府规制在不同技术创新能力的企业中发挥的效力不同，并将企业创新能力与政府规制的协同性研究作为其未来的研究方向[76]。尽管已有关于绿色创新的研究成果为深入探讨绿色创新影响因素提供了理论基础，但这些研究大都只考虑了单个因素对绿色创新的影响，整体缺乏对影响因素之间协同性的探讨。

为了弥补已有研究中的不足，在充分考虑知识流动的前提下，本研究将技术溢出效应展开成为关于技术创新能力的函数。在上一章研究基础上，进一步选取合作创新关系、政府绿色创新补贴率、技术创新能力三种因素作为研究对象，构建合作创新关系演化博弈模型，利用 Matlab 仿真方法分析技术创新能力、政府创新补贴率和中立关系比例单独变化时对合作创新关系稳定性的影响，以及技术创新能力与政府绿色创新补贴率两种因素协同作用下合作创新关系的演化情况。

5.1 模型假设

作者在已发表论文中分别利用云计算和中国轨道专利数据，对同行业企业间技术创新的相似程度进行分析后发现，个别企业与行业中其他企业之间没有任何相关性[150]。由于这类企业在某些技术上具有独占性，因此保持着一种"中立"状态。一旦技术独占性消失，企业间技术创新布局相似性不断提升，这种"中立"状态将被打破，企业间关系进入"合作"或"竞争"状态。由于作为一种新的创新形式，绿色创新更容易让企业获得独占性技术。这意味着，处在同一行业中的企业间除了"合作"与"竞争"这一零和关系外，还存在着一种既不合作又不竞争的"中立"关系状态。故而，本章将绿色创新企业间关系首先分为"合作"与"不合作"两大类，然后又将不合作关系再细分为竞争和中立两种情况，即将企业间的关系分解为合作、中立与竞争三种基本关系。为此，提出假设 1、假设 2 如下：

假设 1：同一行业中存在两企业群——企业群 1 和企业群 2，它们在进行技术创新时可以采取合作和不合作两种策略。假设企业群 1 以概率 x 采取不合作策略，则它会以概率 $1-x$ 采取合作策略；同理，若企业群 2 以概率 y 采取不合作策略，则它会以概率 $1-y$ 采取合作策略。

假设 2：即使同样采取不合作策略，企业的动机却存在差异性。企业可能因为竞争原因采取不合作策略，也可能因为技术独占性而采取不合作（中立）策略，假设两企业群中持中立关系的比率均为 z，则持竞争态度的比例为 $1-z$。

由于技术流动对绿色创新至关重要，同时企业间又广泛存在着技术能力差异，因此，绿色创新过程中的技术溢出现象变得更为普遍。本书借鉴了伯特·弗森伯格的知识溢出理论，在研究了绿色创新过程中知识流向与企业技术创新能力之间的关系后，提出假设 3。

假设3：因为在博弈过程中不仅需要考虑知识获得方的收益，同时还需要考虑知识流失方的损失，构建如下公式。

$$Q_i = \alpha(d_j - d_i)e^{-\frac{d_j - d_i}{\delta_i}} \tag{5.1}$$

其中，Q_i 为企业 i 在企业 i 和 j 之间技术溢出的收益（或损失）；$\alpha(0 < \alpha < 1)$ 为潜在技术溢出系数；$\delta_i(\delta_i > 0)$ 为企业 i 固有学习能力；$d_i(d_j)$ 为企业 $i(j)$ 的自身技术创新能力，$d_j - d_i$ 为企业 i 和 j 之间的技术能力势差；当 $d_j - d_i > 0$ 时，$Q_i > 0$，企业 i 获得技术溢出收益；当 $d_j - d_i < 0$ 时，$Q_i < 0$，企业 i 因为技术流失而遭受损失。

假设4：无论是绿色产品创新还是绿色过程创新都会因减少环境污染、降低对自然资源的损耗带来额外成本。为了研究中量纲一致性，将该额外成本转化为能力损耗成本，依据小林（Kobayashi）的研究[151]，假设企业 i 因节能减排而带来的能力损耗成本为：

$$L_i = \gamma d_i^2/2 \tag{5.2}$$

其中，$\gamma(\gamma > 0)$ 为企业绿色技术创新研发成本系数。

假设5：为了激励企业主动进行绿色创新，政府创新补贴是非常必要的[80]，故而假设给予企业绿色创新补贴 S_i，其与企业绿色创新能力成正比，即：

$$S_i = sd_i \tag{5.3}$$

其中，$s(s > 0)$ 为政府绿色创新补贴率。

假设6：由于绿色创新收益除经济收益外还存在环境收益，且环境收益对经济收益存在挤出效应，使绿色创新存在"市场失效"问题。因此，不同于以往文献选择市场需求函数作为企业收益函数，本章将企业绿色创新能力提升程度作为最终收益来考察，将企业技术创新能力、技术溢出效应、节能减排而引起的能力损耗成本、政府绿色创新补贴收益等作为企业收益函数的主要组成部分。

当企业 i 采取中立策略时的总收益为 $d_i + Q_i - L_i + S_i$；当企业 i 采取竞争策略时，企业会为了减少自身技术溢出，侦察竞争对手的技术创新

动向增加额外成本 c_j；当一方企业持竞争态度而另一方持合作态度时，持竞争态度的一方通过前期与另一方的假合作获得对方的技术贡献，分享对方技术创新收益，而持合作态度的一方因竞争方的中途背弃而造成额外损失 c_h；当双方均持合作态度时，双方共享彼此的技术创新收益，共担技术创新成本。此时，由于企业之间的技术交流属于知识共享，因此假设此时不存在技术溢出行为。

5.2　演化博弈模型

根据上述假设得到两企业群在进行绿色创新关系选择时的支付矩阵，如表 5 - 1 所示。

表 5 - 1　　　　　　　　两企业群演化博弈支付矩阵

企业群 1 企业群 2	以概率 y 不合作		以概率 $1 - y$ 合作
	以概率 z 持中立态度	以概率 $1 - z$ 持竞争态度	
以概率 x 不合作　以概率 z 持中立态度	$(d_1 + Q_1 - L_1 + sd_1,$ $d_2 + Q_2 - L_2 + sd_2)$	$(d_1 + Q_1 - L_1 + sd_1,$ $d_2 + Q_2 - L_2 + sd_2 - c_j)$	$(d_1 + Q_1 - L_1 + sd_1,$ $d_2 + Q_2 - L_2 + sd_2 - c_h)$
以概率 $1 - z$ 持竞争态度	$(d_1 + Q_1 - L_1 + sd_1 - c_j,$ $d_2 + Q_2 - L_2 + sd_2)$	$(d_1 + Q_1 - L_1 + sd_1 - c_j,$ $d_2 + Q_2 - L_2 + sd_2 - c_j)$	$(d_1 + d_2 + Q_1 - L_1 +$ $sd_1 - c_j,\ d_2 + Q_2 -$ $L_2 + sd_2 - c_h)$
以概率 $1 - x$ 合作	$(d_1 + Q_1 - L_1 + sd_1 - c_h,$ $d_2 + Q_2 - L_2 + sd_2)$	$(d_1 + Q_1 - L_1 + sd_1 - c_h,$ $d_1 + d_2 + Q_2 - L_2 +$ $sd_2 - c_j)$	$(d_1 + d_2 - (L_1 + L_2)/2 +$ $s(d_1 + d_2)/2,\ d_1 +$ $d_2 - (L_1 + L_2)/2 +$ $s(d_1 + d_2)/2)$

对表 5 - 1 中各方收益进行合并整理得到简化后的支付矩阵，如表 5 - 2 所示，当两方企业都采取不合作策略时，企业群 1 的收益为 A，企

业群 2 的收益为 B;当企业群 1 采取不合作策略而企业群 2 采取合作策略时,企业群 1 的收益为 C,企业群 2 的收益为 D;当企业群 1 采取合作策略而企业群 2 采取不合作策略时,企业群 1 的收益为 E,企业群 2 的收益为 F;当双方都采取合作策略时,其收益均为 G。

表 5 – 2   合并整理后的支付矩阵

企业群 1 ＼ 企业群 2	以概率 y 不合作	以概率 $1 - y$ 合作
以概率 x 不合作	(A, B)	(C, D)
以概率 $1 - x$ 合作	(E, F)	(G, G)

表 5 – 2 中 A,B,C,D,E,F,G 的表达式如下所示:

$$A = d_1 + \alpha(d_2 - d_1)e^{-\frac{d_2 - d_1}{\delta_1}} - \gamma d_1^2/2 + sd_1 - c_j + zc_j \quad (5.4)$$

$$B = d_2 + \alpha(d_1 - d_2)e^{-\frac{d_1 - d_2}{\delta_2}} - \gamma d_2^2/2 + sd_2 - c_j + zc_j \quad (5.5)$$

$$C = d_1 + d_2 + \alpha(d_2 - d_1)e^{-\frac{d_2 - d_1}{\delta_1}} - \gamma d_1^2/2 + sd_1 - c_j + z(c_j - d_2) \quad (5.6)$$

$$D = d_2 + \alpha(d_1 - d_2)e^{-\frac{d_1 - d_2}{\delta_2}} - \gamma d_2^2/2 + sd_2 - c_h \quad (5.7)$$

$$E = d_1 + \alpha(d_2 - d_1)e^{-\frac{d_2 - d_1}{\delta_1}} - \gamma d_1^2/2 + sd_1 - c_h \quad (5.8)$$

$$F = d_1 + d_2 + \alpha(d_1 - d_2)e^{-\frac{d_1 - d_2}{\delta_2}} - \gamma d_2^2/2 + sd_2 - c_j + z(c_j - d_1) \quad (5.9)$$

$$G = d_1 + d_2 - \gamma(d_1^2 + d_2^2)/4 + s(d_1 + d_2)/2 \quad (5.10)$$

根据表 5 – 2 分别计算两企业群采取不合作策略和合作策略时的适应度函数以及平均适应度函数,并根据复制动态方程样式,可得如下二维微分动力系统:

$$\begin{cases} \dfrac{\mathrm{d}x}{\mathrm{d}t} = x(1 - x)\left[(A - C - E + G)y + C - G \right] \\ \dfrac{\mathrm{d}y}{\mathrm{d}t} = y(1 - y)\left[(B - F - D + G)x + F - G \right] \end{cases} \quad (5.11)$$

然后，令 $\dfrac{dx}{dt} = \dfrac{dy}{dt} = 0$，得到方程组（5.11）的 5 个均衡点，它们分别为

$(0, 0)$、$(0, 1)$、$(1, 0)$、$(1, 1)$、(x_0, y_0)，其中 $x_0 = \dfrac{G - F}{B - F - D + G}$，$y_0 = $

$\dfrac{G - C}{A - C - E + G}$（$x_0, y_0 \in [0, 1]$）。

经计算，该微分动力系统的雅克比矩阵 J 为：

$$J = \begin{bmatrix} (1 - 2x)[(A - C - E + G)y + C - G] & x(1 - x)(A - C - E + G) \\ y(1 - y)(B - F - D + G) & (1 - 2y)[(B - F - D + G)x + F - G] \end{bmatrix}$$

$$(5.12)$$

由非线性微分方程稳定性理论可知，系统中均衡点的稳定性由其雅克比行列式的特征根符号决定，当行列式的符号为" $+$ "，迹的符号为" $-$ "时，该平衡点为稳定结点（即 ESS）[152]。对上述矩阵 J 的行列式（$DetJ$）和迹（trJ）在各均衡点的符号进行分析，共存在五种不同情形，如表 5 - 3 所示。其中，稳定点（0, 1）表示（合作，不合作）、稳定点（1, 0）表示（不合作，合作）、稳定点（1, 1）表示（不合作，不合作）、稳定点（0, 0）表示（合作，合作）、稳定点（0, 0）（1, 1）表示（合作，合作）（不合作，不合作）。由于本书重点关注各种情形中的稳定结点以及各参数对稳定结点的影响，因此，对其他非稳定结点的状态不再赘述。

表 5 - 3　　　　企业绿色技术创新演化五种情形及其稳定结点

条件	稳定结点
情形 1：$C - G < 0$，$F - G > 0$，$E - A > 0$	$(0, 1)$
情形 2：$C - G > 0$，$F - G < 0$，$E - A > 0$	$(1, 0)$
情形 3：$C - G > 0$，$F - G < 0$，$E - A < 0$ 或 $C - G < 0$，$F - G > 0$，$E - A < 0$	$(1, 1)$
情形 4：$C - G < 0$，$F - G < 0$，$E - A > 0$	$(0, 0)$
情形 5：$C - G < 0$，$F - G - 0$，$E - A < 0$	$(0, 0)$ $(1, 1)$

由公式（5.4）~式（5.10）可得：

$$C - G = \alpha(d_2 - d_1)e^{-\frac{d_2 - d_1}{\delta_1}} + s(d_1 - d_2)/2 - c_j - z(d_2 - c_j)$$
$$- \gamma(d_1^2 - d_2^2)/4 \qquad (5.13)$$

$$F - G = -\alpha(d_2 - d_1)e^{-\frac{d_1 - d_2}{\delta_2}} + s(d_1 - d_2)/2 - c_j - z(d_1 - c_j)$$
$$- \gamma(d_1^2 - d_2^2)/4 \qquad (5.14)$$

$$E - A = (1 - z)c_j - c_h \qquad (5.15)$$

将公式（5.13）~式（5.15）代入表5-3中各种情形中，总结各参数间关系，如表5-4所示。

表5-4　　　　　　　　　**五种情形中各参数须满足的条件**

条件	稳定结点
$0 < \frac{c_h}{c_j} < 1-z$，$d_1 > d_2$ 且 $0 < s < \alpha(e^{-\frac{d_2-d_1}{\delta_1}} + e^{\frac{d_2-d_1}{\delta_2}}) - z$ 或 $0 < \frac{c_h}{c_j} < 1-z$，$d_1 < d_2$ 且 $s > \alpha(e^{\frac{d_2-d_1}{\delta_1}} + e^{\frac{d_2-d_1}{\delta_2}}) - z$	(0, 1)
$0 < \frac{c_h}{c_j} < 1-z$，$d_1 > d_2$ 且 $s > \alpha(e^{\frac{d_2-d_1}{\delta_1}} + e^{\frac{d_2-d_1}{\delta_2}}) - z$ 或 $0 < \frac{c_h}{c_j} < 1-z$，$d_1 < d_2$ 且 $0 < s < \alpha(e^{-\frac{d_2-d_1}{\delta_1}} + e^{\frac{d_2-d_1}{\delta_2}}) - z$	(1, 0)
$\frac{c_h}{c_j} > 1-z$ 且 $d_1 \neq d_2$	(1, 1)
$0 < \frac{c_h}{c_j} < 1-z$	(0, 0)
$\frac{c_h}{c_j} > 1-z$	(0, 0) (1, 1)

5.3　模型仿真分析

因为涉及参数较多而且公式过于复杂，无法通过数学推导方式分析企业技术创新能力和政府绿色创新补贴率协同作用对企业合作关系稳定性的影响,因此采用Matlab2012对模型进行数值仿真模拟。

5.3.1 系统渐进稳定性分析

首先假设以下五种情形中,企业群1采取不合作策略的概率x初值为0.3,企业群2采取不合作策略的概率y初值为0.7,然后分别对其他参数赋值,对五种情形展开分析。

情形1:为了满足条件$C-G<0$,$F-G>0$且$E-A>0$,故假设$d_1=10$,$d_2=8$,$\alpha=0.3$,$\delta_1=8$,$\delta_2=7$,$\gamma=10$,$s=70$,$c_1=30$,$c_2=5$,$z=0.5$。据此,可得系统演化相图及此种情形下的演化路径,如图5-1所示。图中显示,双方经过一段时间的博弈后最终稳定在(0,1)点上。即在该种情形下,无论两企业群中最初采取两种策略的比率是多少,经过一定时间的演化后企业群1最终采取合作策略,而企业群2采取不合作策略。

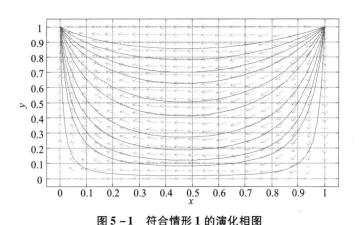

图5-1 符合情形1的演化相图

情形2:为了满足条件$C-G>0$,$F-G<0$且$E-A>0$,故假设$d_1=8$,$d_2=12$,$\alpha=0.3$,$\delta_1=8$,$\delta_2=7$,$\gamma=10$,$s=70$,$c_1=30$,$c_2=5$,$z=0.1$。据此,可得系统演化相图及此种情况下的演化路径,如图5-2所

示。图中显示，双方经过一段时间的博弈后最终稳定在（1，0）点上。即在该种情况下，无论两企业群中最初采取两种策略的比率是多少，经过一定时间的演化后企业群1最终采取不合作策略，而企业群2采取合作策略。

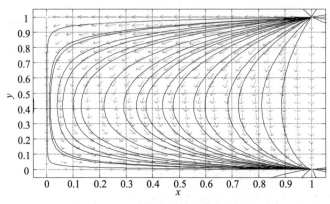

图5-2　符合情形2的演化相图

情形3：为了满足条件 $C - G > 0$，$F - G < 0$ 且 $E - A < 0$ 或 $C - G < 0$，$F - G > 0$ 且 $E - A < 0$，故假设 $d_1 = 11$，d_2 分别等于8或14，$\alpha = 0.3$，$\delta_1 = 8$，$\delta_2 = 7$，$\gamma = 10$，$s = 70$，$c_1 = 30$，$c_2 = 28$，$z = 0.3$。在以上两种情况下，尽管演化路径不同但最终系统的稳定点均为（1，1），如图5-3（a）、图5-3（b）所示。可见，此时的系统具有一个稳定点

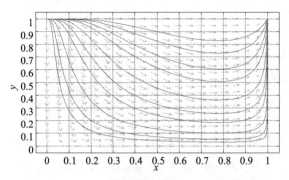

图5-3（a）　符合情形3情况1的演化相图

（1，1），即在该种情形下，无论两企业群中最初采取不合作策略的比率多少，经过一定时间的演化后双方都将采取不合作策略。

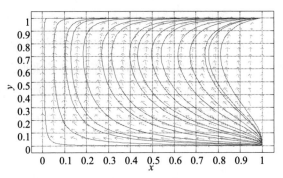

图 5 - 3（b）　符合情形 3 情况 2 的演化相图

情形 4：为了满足条件 $C-G<0$，$F-G<0$ 且 $E-A>0$，故假设 $d_1=6$，$d_2=8$，$\alpha=0.3$，$\delta_1=8$，$\delta_2=7$，$\gamma=10$，$s=70$，$c_1=30$，$c_2=5$，$z=0.1$。据此，可得系统演化相图及此种情形下的演化路径，如图 5 - 4 所示。图中显示，双方经过一段时间的博弈后最终稳定在（0，0）点上。即在该种情况下，无论两企业群中最初采取两种策略的比率是多少，经过一定时间的演化后两企业群最终均采取合作策略。

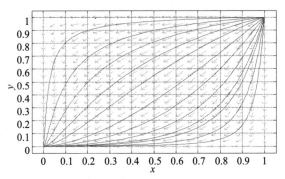

图 5 - 4　满足情形 4 条件的演化相图

情形 5：为了满足条件 $C-G<0$，$F-G<0$ 且 $E-A<0$，故假设 $d_1=6$，$d_2=8$，$\alpha=0.3$，$\delta_1=8$，$\delta_2=7$，$\gamma=10$，$s=70$，$c_1=30$，$c_2=28$，$z=0.1$。据此，可得系统演化相图及此种情况下的演化路径，如图 5-5 所示。图中显示，双方经过一段时间的博弈后最终稳定在（0，0）和（1，1）两个点上。由于该系统有两个稳定点，因此最终稳定在哪一点上还取决于 x 和 y 的初值，即当市场中大多数企业都倾向于采取不合作策略时，受市场氛围影响最终两企业群采取不合作策略。但是，当市场中的大多数企业都采取合作策略时，两企业群经过一段时间的博弈后最终都将采取合作策略。

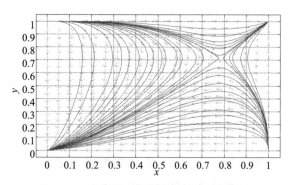

图 5-5　满足情形 5 条件的演化路径相图

5.3.2　技术创新能力对合作创新关系的影响

首先，为各参数赋予初始值，其中企业群 1 采取不合作策略的概率 x 初值为 0.3，企业群 2 采取不合作策略的概率 y 初值为 0.7，潜在技术溢出系数 $\alpha=0.3$，企业群 1 固有学习能力 $\delta_1=8$，企业群 2 固有学习能力 $\delta_2=7$，企业绿色创新研发成本系数 $\gamma=10$，企业竞争成本 $c_j=30$，政府绿色创新补贴率 $s=70$。其次，为了满足表 5-4 中的五种情形，再对剩下的 4 个参数赋初值。分别调整企业技术创新能力 d_1 和 d_2 的取值，获得系统演化图并总结稳定点变化规律，如表 5-5 所示。

表 5 – 5　　　　　　　　　调整 d_i 取值对系统稳定性影响汇总

系统初始稳定点	各参数初始值	两方初始技术创新能力比较	d_i 的取值	系统稳定点的变化情况	系统演化图
(0, 1)	$d_1 = 10$, $d_2 = 8$, $c_h = 5$, $z = 0.5$,	$d_1 > d_2$	$d_1 = 10, 11, 12, 13$	系统更加快速的收敛于稳定点 (0, 1)	图 5 – 6（a）
			$d_2 = 8, 10, 12, 14$	稳定点由 (0, 1) 经过 (0, 0) 最终稳定于 (1, 0)	图 5 – 6（b）
(1, 0)	$d_1 = 8$, $d_2 = 12$, $c_h = 5$, $z = 0.5$	$d_1 < d_2$	$d_1 = 8, 10, 12, 14$	稳定点由 (1, 0) 经过 (0, 0) 最终稳定于 (0, 1)	图 5 – 6（c）
			$d_2 = 12, 14, 16, 20$	系统更加快速的收敛于稳定点 (1, 0)	图 5 – 6（d）
(1, 1)	$d_1 = 11$, $d_2 = 8$, $c_h = 28$, $z = 0.3$	$d_1 > d_2$	$d_1 = 11, 12, 13, 14$	系统更加快速的收敛于稳定点 (1, 1)	图 5 – 6（e）
			$d_2 = 8, 10, 12, 14$	稳定点由 (1, 1) 经过 (0, 0) (1, 1) 情形中的 (0, 0) 节点，最终回到稳定点 (1, 1)	图 5 – 6（f）
(0, 0)	$d_1 = 6$, $d_2 = 8$, $c_h = 5$, $z = 0.1$	$d_1 < d_2$	$d_1 = 6, 9, 12, 15$	稳定点由 (0, 0) 变为 (0, 1)	图 5 – 6（g）
			$d_2 = 8, 10, 12, 14$	稳定点由 (0, 0) 变为 (1, 0)	图 5 – 6（h）
(0, 0) (1, 1)	$d_1 = 6$, $d_2 = 8$, $c_h = 28$, $z = 0.1$	$d_1 < d_2$	$d_1 = 6, 10, 14, 18$	稳定点由 (0, 0) (1, 1) 变为 (1, 1)	图 5 – 6（i）
			$d_2 = 8, 10, 12, 14$	稳定点由 (0, 0) (1, 1) 变为 (1, 1)	图 5 – 6（j）

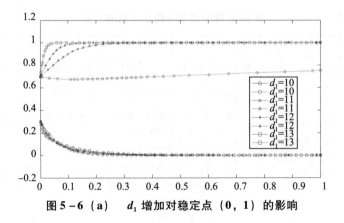

图 5 - 6 （a） d_1 增加对稳定点 （0，1） 的影响

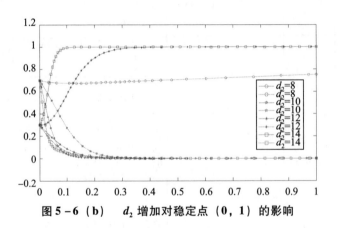

图 5 - 6 （b） d_2 增加对稳定点 （0，1） 的影响

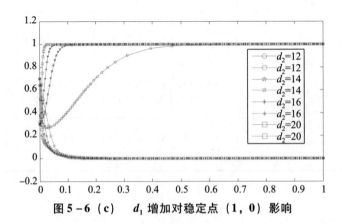

图 5 - 6 （c） d_1 增加对稳定点 （1，0） 影响

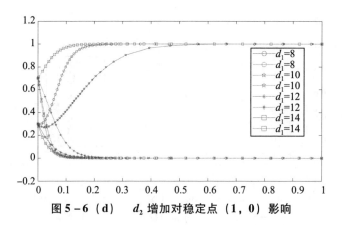

图 5 - 6（d） d_2 增加对稳定点（1，0）影响

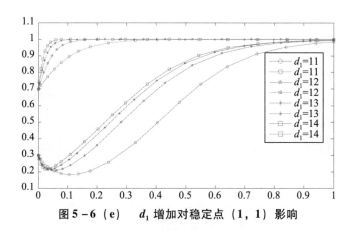

图 5 - 6（e） d_1 增加对稳定点（1，1）影响

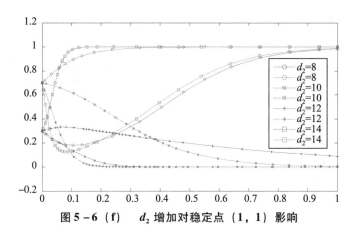

图 5 - 6（f） d_2 增加对稳定点（1，1）影响

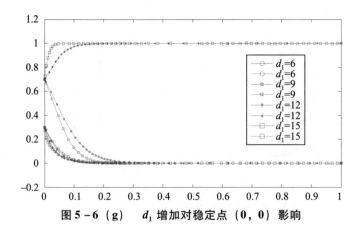

图 5-6（g）　d_1 增加对稳定点（0，0）影响

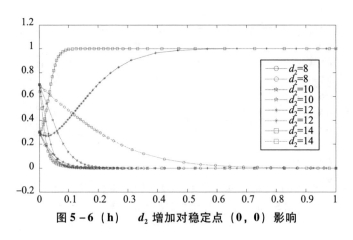

图 5-6（h）　d_2 增加对稳定点（0，0）影响

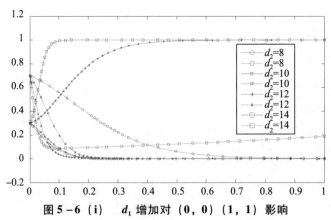

图 5-6（i）　d_1 增加对（0，0）（1，1）影响

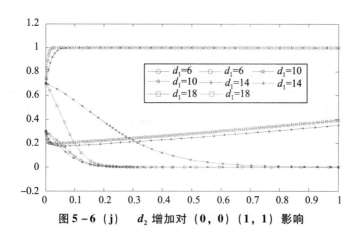

图5-6（j）　d_2增加对（0, 0）（1, 1）影响

显然，d_i的增加会影响系统演化速度，甚至会影响系统演化最终结果。通过对表5-5及对应的系统演化图进行深入分析后发现，当$d_1 \neq d_2$时，如果初始稳定状态为（合作，不合作）或者（不合作，合作）或者（合作，合作），d_i的增加最终会造成技术创新能力较强的一方采取合作策略，而弱的一方采取不合作策略。由此可见，企业已经意识到技术溢出现象是不可避免的，当技术能力势差很大时，能力强的企业希望通过与弱势一方合作减少由于技术溢出而造成的损失，同时还可以平摊由绿色创新带来的节能减排成本，但能力弱的一方，则希望通过"搭便车"的方式获得技术提升。如果初始稳定状态为（不合作，不合作）或者（合作，合作）、（不合作，不合作），无论企业之间技术势差如何变化，两企业群最终均采取不合作策略。另外，只有当$d_1 = d_2$时，两企业群才会采取（合作，合作）策略。而实际上，让两企业技术创新能力长期保持相当水平是非常苛刻的条件，从仿真结果中也不难看出，双方开展真诚合作常常是短暂的，其终将会因某一方技术创新能力的变化而打破。

5.3.3　政府绿色创新补贴率对合作创新关系的影响

调整s的取值，以了解政府绿色创新研发补贴率对系统稳定性的影响，结果如表5－6所示。

表5－6 调整 s 取值对系统稳定性影响汇总

系统初始稳定点	初始技术创新能力比较	s 的取值	s 对系统稳定点的影响	系统演化图
(0, 1)	$d_1 > d_2$	s = 70, 90, 110, 130	稳定点由 (0, 1) 经过 (0, 0) 最终变为 (1, 0)	图5－7 (a)
(1, 0)	$d_1 < d_2$	s = 70, 100, 130, 160	稳定点由 (1, 0) 经过 (0, 0) 最终变为 (0, 1)	图5－7 (b)
(1, 1)	$d_1 > d_2$	s = 70, 90, 110, 130	稳定点由 (1, 1) 经过 (0, 0) (1, 1) 情形的 (0, 0) 节点，最终回到 (1, 1) 点	图5－7 (c)
(0, 0)	$d_1 > d_2$	s = 70, 90, 110, 130	稳定点由 (0, 0) 变为 (1, 0)	图5－7 (d)
(0, 0) (1, 1)	$d_1 < d_2$	s = 70, 90, 110, 130	稳定点依然为 (0, 0) (1, 1)，此时甲群体更加快速的接近 "0"，而乙群体较慢的接近 "0"	图5－7 (e)

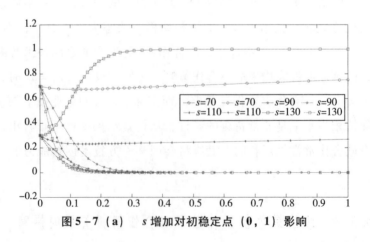

图5－7 (a) s 增加对初稳定点 (0, 1) 影响

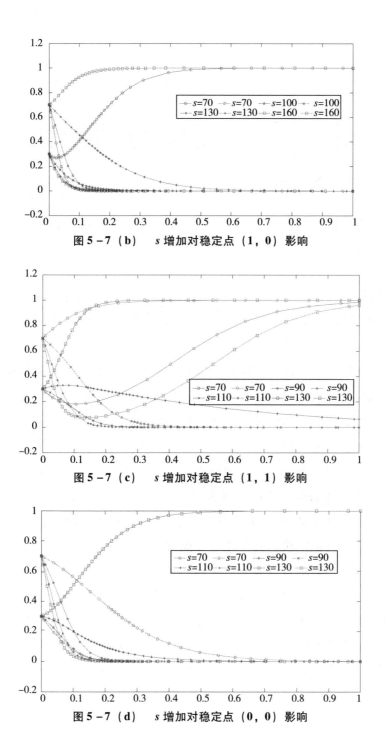

图 5 - 7（b）　s 增加对稳定点（1，0）影响

图 5 - 7（c）　s 增加对稳定点（1，1）影响

图 5 - 7（d）　s 增加对稳定点（0，0）影响

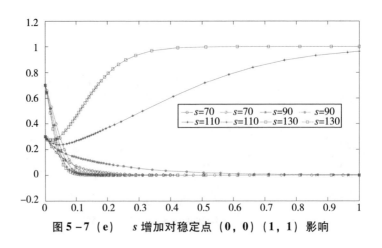

图 5 - 7 （e）　　 s 增加对稳定点 （0，0）（1，1） 影响

　　显然，s 的增加对系统稳定性以及稳定点的演变有很大影响，但对表 5 - 6 及图 5 - 7 进行深入分析后发现，提高绿色创新补贴率 s 并不能像人们最初设想一样，百分之百促成企业合作关系。

　　在绿色创新过程中，政府希望通过给予企业财政补贴的形式促使企业从传统创新转型为绿色创新，进而减少对环境的污染和损害。显然，合作方式更容易促进企业成功转型，但实际上，绿色创新补贴率在绿色创新生命周期不同阶段发挥的作用不同。有时绿色创新补贴率的提高会阻碍企业合作关系的形成。当初始稳定状态为 （合作，不合作） 或者 （不合作，合作） 或者 （合作，合作），而且两企业群体技术创新能力 $d_1 \neq d_2$ 时，提高绿色创新补贴率使企业绿色创新收益增加，造成原有稳定状态发生变化。此时，企业间希望通过分享彼此的绿色创新补贴增加自身收益，故而，两企业群体均采取合作策略。但如果在此基础上继续提高绿色创新补贴率，原本技术创新能力较弱的一方依然采取合作策略，但技术能力较强的一方将为了独占政府给予自己的绿色创新补贴收益放弃与另一方的合作。当初始稳定状态为 （不合作，不合作） 或者 （合作，合作） （不合作，不合作） 时，无论如何提高绿色技术创新补贴率，企业之间最终均采取不合作策略。

由此可见，一味地提高绿色创新补贴率并不能促进企业间的合作关系，只有在至少一方采取合作策略时，适度的提高绿色创新补贴率才能够促进企业合作，如果双方均处于不合作状态时，提高政府绿色创新补贴率不但不能促进合作，反而增加的绿色创新补贴收益会使企业间竞争加剧。

5.3.4　中立关系比例对合作创新关系的影响

调整 z 的取值，以了解企业中立关系比率对系统稳定性的影响，如表 5 – 7 所示。

表 5 – 7　　　　　　　　调整 z 取值对系统稳定性影响汇总表

系统初始稳定点	z 的取值	z 对系统稳定点的影响	系统演化图
(0, 1)	$z = 0.5, 0.6,$ 0.7, 0.8	企业群 1 更加快速的收敛于"0"，企业群 2 更加缓慢的收敛于"1"	图 5 – 8 (a)
(1, 0)	$z = 0.1, 0.3,$ 0.5, 0.7	企业群 1 更加缓慢的收敛于"1"，企业群 2 更加快速的收敛于"0"	图 5 – 8 (b)
(1, 1)	$z = 0.3, 0.5,$ 0.7, 0.9	两企业群更加缓慢的收敛于"1"	图 5 – 8 (c)
(0, 0)	$z = 0.1, 0.2,$ 0.3, 0.4	两企业群更加快速的收敛于"0"	图 5 – 8 (d)
(0, 0) (1, 1)	$z = 0.1, 0.2,$ 0.3, 0.4	当初始稳定点为 (1, 1) 时，两企业群更加缓慢的收敛于"1"；当初始稳定点为 (0, 0) 时，两企业群更加快速的收敛于"0"	图 5 – 8 (e)

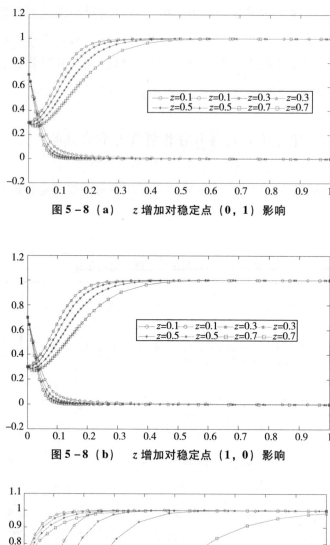

图 5 − 8 （a）　z 增加对稳定点 （0，1） 影响

图 5 − 8 （b）　z 增加对稳定点 （1，0） 影响

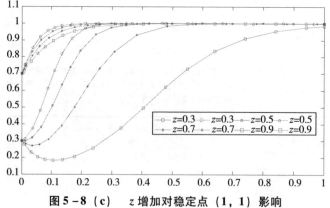

图 5 − 8 （c）　z 增加对稳定点 （1，1） 影响

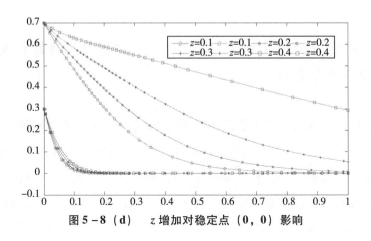

图 5-8（d）　z 增加对稳定点（0，0）影响

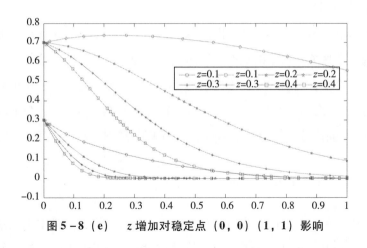

图 5-8（e）　z 增加对稳定点（0，0）（1，1）影响

　　通过对表 5-7 以及图 5-8 进行分析后发现，无论在哪种情形下，企业中立关系比率 z 的增加均可以加速企业向"合作"结点的逼近，减缓甚至扭转企业向"不合作"结点的逼近，最终将有利于企业间形成或者趋近合作关系。由此可见，识别和维持持中立态度的企业，并使其不转变为竞争对手是绿色创新中企业关系管理至关重要的工作之一，它可以为企业间未来的合作打下坚实的基础。尽管实施此项策略需要消耗企业一定的成本，但相较于将竞争对手转变为合作伙伴所消耗的成本来说，则是"小巫见大巫"了。

5.3.5　技术创新能力、政府绿色创新补贴率协同作用对合作创新关系的影响

目前，对演化博弈参数敏感性的分析仅能实现对单个参数的考察。但事实上，任何一个系统都不可避免的同时受到来自其内部以及外界环境的多个因素的共同影响。本节在已有单个参数敏感性分析方法的基础上，将参数敏感性仿真的研究视角从对曲线形态的考察转化为对该曲线与 x 坐标轴形成的内角斜率的考察，并以此分析两个参数协同作用对系统稳定性的影响。

根据单个参数的演化仿真图所示，x 轴表示系统演化时间 t，y 轴表示企业选择某种关系策略的概率。当曲线演化稳定值为 0 时，表示企业最终选择合作策略，当曲线演化稳定值为 1 时，企业最终选择不合作策略。

由此，在该仿真方法基础上，本节借鉴西西米诺等人（Ciancimino et al.）[152] 的曲线斜率算法，提出系统演化曲线斜率公式如下：

$$\text{系统演化曲线斜率 } tg\theta = \frac{k\sum_{i=1}^{k} y_i t_i - \sum_{i=1}^{k} y_i \sum_{i=1}^{k} t_i}{k\sum_{i=1}^{k} y_i^2 - \left(\sum_{i=1}^{k} y_i\right)^2} \qquad (5.16)$$

其中，θ 表示演化曲线与 x 轴的内角，k 表示仿真实验中随机选取的时间 t_i 的个数，y_i 表示对应 t_i 时刻企业选择某一策略的概率值。结合上节仿真算法以及曲线斜率公式可知，当 $tg\theta \leqslant 0$ 时，企业最终选择合作策略；当 $tg\theta > 0$ 时，企业最终选择不合作策略。

为了了解政府绿色创新补贴率在企业技术创新能力变化时对合作创新关系的影响，本节的仿真沿用上一节仿真数据。仿真图以两企业技术创新能力势差 $\Delta d = d_1 - d_2$（以此反映两企业技术创新能力的变化）作为纵坐标，取值范围为 [−40，40]；政府绿色创新补贴率 s 作为横坐标，取值范围为 [70，300]，绘制两参数同时变化时 contour 图。为了更加清晰的反应两参数对合作创新关系的影响，contour 图中仅对演化过

程中曲线斜率值小于等于 0 的部分涂色。

对表 5 - 4 中的五种情形仿真后发现，尽管初始状态不同，但同时调整两个参数后共得到两类 contour 图。其中，当初始状态为（0，1）、（1，0）、（0，0）或者（0，0）（1，1）情形中的（0，0）时，两企业群各自选择合作的 contour 图，如图 5 - 9（a）、图 5 - 9（b）所示。而图 5 - 9（c）为两企业群同时选择合作关系的情况。当初始状态为（1，1）或者（0，0）（1，1）情形中的（1，1）时，两企业群各自选择合作的 contour 图，如图 5 - 10（a）、5 - 10（b）所示。图 5 - 10（c）为两企业群同时选择合作关系的情况。由图 5 - 9（c）和图 5 - 10（c）可见，尽管两企业群分别选择合作策略时的图形不同，但五种情形中，两企业群同时选择合作关系的图形却是基本一致的。

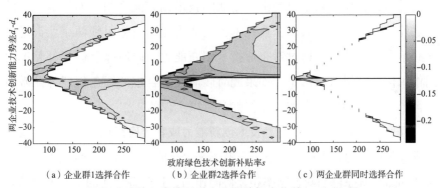

（a）企业群1选择合作　　（b）企业群2选择合作　　（c）两企业群同时选择合作

图 5 - 9　第一类情况时企业群选择合作的 contour 图

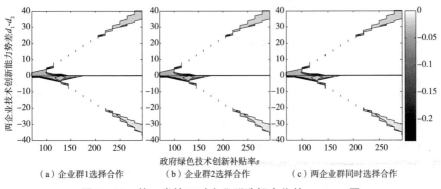

（a）企业群1选择合作　　（b）企业群2选择合作　　（c）两企业群同时选择合作

图 5 - 10　第二类情况时企业群选择合作的 contour 图

对以上的 contour 图进行深入分析后发现，由于受到企业技术创新能力的影响，单纯提高政府绿色创新补贴率 s 并不能像人们最初设想的一样百分之百促成企业合作关系。当两企业群自身技术创新能力 $d_1 = d_2$ 时，无论政府绿色创新补贴率如何变化，都不会影响两企业的合作关系。但是当两企业群自身技术创新能力势差绝对值 $|d_1 - d_2|$ 增大时，为了促成企业之间的真诚合作，就需要政府给予一定的创新补贴。当初始稳定状态为（合作，不合作）或者（不合作，合作）或者（合作，合作）时，如果政府绿色技术创新补贴率相较于企业间技术创新能力势差增长速度过快，技术创新能力较弱的一方将采取合作策略，但能力较强的一方将为了独占政府给予自己的丰厚绿色创新补贴收益而放弃与另一方的合作。当初始稳定状态为（不合作，不合作）时，从上节的分析中可以看出，合作关系主要是由于企业间技术创新能力相同而促成的。除此之外的绝大多数时候，企业技术创新能力变化只会引领两企业群进入彼此不合作状态。但通过对企业技术创新能力与政府绿色创新补贴率协同作用仿真结果可以看出，如果此时政府设置合理的绿色创新补贴政策进行影响干预的话，合作关系依然是可以实现的。

可见，单纯依靠企业自身技术创新能力或者政府绿色创新补贴均无法形成长久稳定的合作创新关系。只有当来自企业内部的技术创新能力和来自外部的政府绿色创新补贴率相互协同作用，且两者之间的增长速度呈现某种线性关系时，合作创新关系才能够成为该复杂系统的稳定状态。

5.3.6 模型的结论及启示

对模型仿真结果进行分析后得到以下结论：（1）受技术溢出效应的影响，企业间技术创新能力势差对合作创新关系有负向作用，即企业技术创新能力差距越大，企业间实现合作创新难度越大，合作真诚度越低，维持合作关系的时间越短。（2）当企业技术创新能力相同时，无需外界影响力企业间依然可以构建合作创新关系。（3）中立关系在企业关系中是切实存在的，对那些暂时持中立态度的企业应给予充分重视，促成和维持一定中立关系比率更容易促成企业间的合作关系。（4）企业间技术能力势差与政府绿色创新补贴率两因素之间存在着协同互补性，当两者协同作用，且两者间呈现某种线性关系时，可以促进企业间形成长久稳固的合作关系。

另外，本章的研究对绿色创新企业以及相关政府部门带来一系列启示。首先，企业作为绿色创新的主要参与者，在寻求创新合作伙伴时，需要对其他企业的技术创新实力进行评估。由于绿色创新中技术溢出效应更加明显，因此，受到技术创新能力势差的影响，企业只有选择势均力敌的企业才能建立长久稳固的合作关系。其次，企业应对中立关系给予充分重视，维持与这类企业之间良好的关系可以增加未来开展合作创新的机会。最后，政府作为绿色创新的推动者，其制定的政策对企业关系战略具有一定影响力。值得注意的是，政府绿色创新补贴并不是越高越好，有时丰厚的政府补贴不仅无法带来企业间的真诚合作反而会带来更加激烈的竞争。因此，政府在制定绿色创新补贴率政策前需要摸清整个行业中企业的技术创新能力。只有充分考虑了企业间技术创新能力势差的前提下制定的绿色创新补贴率政策，才能够引导企业积极构建长期稳定的真诚合作关系。

5.4　本章小结

本章对绿色创新中技术溢出的作用机理进行深入剖析后，构建了关于企业技术创新能力的改进技术溢出函数，并就此选取企业技术创新能力、政府绿色创新补贴率、中立关系比例和合作创新关系作为主要研究对象，利用演化博弈和 matlab 仿真技术，对企业技术创新能力、政府绿色创新补贴率和中立关系比例对合作创新关系的单独作用结果以及协同作用结果进行了比较分析，并为企业与政府绿色创新战略提供有现实意义的政策建议。

第 6 章

技术相似性及企业间创新关系辨识

专利数据可以反映企业技术创新情况[153]，利用专利数据分析企业技术相似性程度，以定量化计算方法探求企业之间创新关系的研究已取得一定成果。但是，由于目前的研究仅仅考虑企业在某领域拥有专利的绝对数量，而未考虑企业技术资源总量和技术创新重心倾向等问题，此时所计算出的技术相似度具有一定的偏差。本章针对已有研究的局限性，为了在兼顾企业资源分配的前提下度量企业技术相似性，提出了企业技术相似性算法。首先利用加权二分网络投影算法对国家知识产权局专利数据库中太阳能光伏发明专利数据进行分析，以揭示太阳能光伏企业专利资源分配情况，然后利用 Pearson 相关性分析方法计算企业技术相似程度，以定量化分析方法帮助企业快速准确的识别竞争对手、挖掘潜在合作伙伴。

6.1 技术相似性与企业创新关系

6.1.1 技术相似性及其度量方法

技术相似性相当于"认知距离"，是企业之间技术知识的接近程度[154]。桑普森（Sampson）认为，技术相似性取决于企业技术背景，而通过分析企业专利数据可以实现对企业技术相似性以及技术创新绩效的定量化研究[155]。对已有文献进行梳理后发现，多数关于技术相似性的度量均利用对专利数据进行分析实现的[156]。

伯纳（Berner）和沃德佛格（Waldfogel）对专利作为企业技术创新信息的特征进行了总结：首先，专利是企业技术创新成果的一种保护形式，它可以防止企业技术创新成果扩散。专利权人申请专利时，需要对该创新成果的特点进行详细说明，使利用该专利的人可以通过专利文献实现产品的生产。所以，专利文献必须包含三个层次的信息，即参考文献、专利权人信息、申请优先权的日期、专利所属技术分类、受保护的国家等方面。其次，专利文献需要详细说明其所属技术领域，并指出其能够解决的现实问题以及应用领域。最后，专利文献中的声明部分描述了该技术创新成果受保护范围以及其寻求专利保护的新技术特征[157]。

多项研究成果表明，专利作为企业技术创新成果，其形式独特、简明、具有高标准化且能准确使用国际命名法。最重要的是，它经过专门部门验证，可信性极高。阿胡贾（Ahuja）和卡蒂拉（Katila）将专利称作企业"显现在外"的知识库[158]。因此，利用专利数据可以助力研究者和企业家评估企业技术实力以及未来市场机会。

目前利用专利信息进行技术相似性测量的方法主要分为两类：一类是基于专利引用的；另一类是基于专利分类号的[159,160]。

常（Chang）利用专利引用分析方法来探寻企业间在技术创新时千丝万缕的联系，进而发现技术扩散的轨迹[161]。王等（Wang et al.）基于专利共被引原理绘制了世界 500 强企业技术竞争专利地图以发现关键企业、挖掘技术竞争结构[162]。尹（Yoon）和基姆（Kim）在研究中指出，尽管专利引用分析方法可以揭示技术相似程度，但由于新专利往往不会被频繁引用，这就造成新技术不能及时引起广泛关注，因此专利引用方法具有滞后性的缺点[163]。另外，洛（Lo）也发现专利引用分析结果更多反映的是核心技术之间的相似性，利用该方法势必无法描述企业技术创新布局的全貌[164]。

由于专利引用分析方法存在一定缺陷，很多学者利用专利分类号来度量技术相似程度。如，克洛特（Cloodt）等利用专利分类号测量了各专利数据之间的内在联系[165]。雷斯费尔德等人（Raesfeld et al.）利用 IPC 分类号对企业技术多样性程度进行了定义和度量以此反映企业技术相似程度[166]。彼得鲁泽利（Petruzzelli）利用企业已申请专利的 IPC 号分析了企业之间技术重叠程度进而探究其技术的相似性[167]。林等人（Lin et al.）利用 USPTO 的专利分类方式度量合作伙伴之间的技术距离，以了解技术相似性对企业合作伙伴选择存在的影响[168]。益格鲁等人（Angue et al.）将企业专利分为基础技术和特殊技术两类，并用多级 IPC 分类号对企业间在两类技术上的专利相似性进行了分析以识别企业潜在合作者[169]。洪勇等通过对同一 IPC 小类下不同专利权人申请的专利数量进行统计以考察技术相似程度[170]。

以上研究方法在探寻技术相似性、挖掘专利权人之间关系等方面已经取得了一定的研究成效，但依然存在着以下不足：一方面，现有的研究仅仅考虑企业在某领域拥有专利的绝对数量，而未考虑企业技术资源总量和技术创新重心倾向；另一方面，研究只从企业这一个单一角度进行分析，而未能从全行业的视角考虑企业所拥有的专利资源所代表的深层含义。因此所计算出的技术相似度具有一定的偏差。本书将加权二分图投影算法和 Pearson 相关性分析方法相结合，构建了一种新的技术相似性计算方法，并利用中国太阳能光伏产业专利数据对模型进行验证。

6.1.2 技术相似性与企业创新关系选择

技术相似性是企业寻找潜在合作伙伴，识别竞争对手的重要依据[154]。周磊等基于德温特专利数据库中 RFID 相关专利数据，利用多元回归分析方法分析了技术相似性对企业技术竞合行为的影响，结果表明，技术相似性会加剧竞争态势，而对合作程度的影响有限[171]。刘高勇等利用专利 IPC 号共现分析探索了企业间的竞争与合作关系[172]。卡特林（Katrin）对 20 世纪 90 年代德国本土兼并案例进行了研究，发现兼并多发生在技术相似性较高的企业之间[173]。西尔斯（Sears）和霍特克（Hoetker）也提出兼并效果与企业技术相似程度成正比[174]。

关于技术相似性在企业技术创新合作中的重要性研究已经引起越来越多人的广泛关注。乌赛等人（Usai et al.）通过对已有合作关系的企业特点进行研究后指出，两企业建立伙伴关系的可能性受到两方地理、技术、组织、体制、社会接近性以及两企业在技术创新网络中的地位影响，其中技术相似性对企业伙伴关系的影响最为显著[175]。雅各布森等人（Jakobsen et al.）指出，与竞争对手建立竞合关系已成为企业技术创新战略的一部分。作者通过对挪威不同规模企业间纵向竞合关系进行探讨后发现，技术认知和技术相似性对技术创新竞合关系发展至关重要。中小规模企业通过与其他企业建立竞合关系已实现其对大企业技术水平的追赶[176]。弗伦克尔等人（Frenkel et al.）对以色列企业进行了深入研究，认为企业技术多样性有利于对企业创新创业形成，但在选择合作伙伴时，一定程度的技术相似性是其主要考虑的因素[177]。

多数研究均认为合作伙伴之间的技术和知识需要具有一定的相似性，唯有这样才能有利于彼此交换、理解和吸收知识。但莱恩（Lane）和卢巴特金（Lubatkin）也指出，在合作伙伴选择时，技术相似性并不是越高越好，两企业之间还需要一定程度的技术差异性[178]。同样桑普森在研究中提出，技术创新背景过于相似是创新伙伴关系的劣势，相似技术的叠加不会引起创新能力质的变化，这就造成合作创新无法实现 $1+1>2$ 的效果[155]。

6.2 数据获取及分析

中国国家知识产权局专利检索数据库提供了 1985 年以来公布的全部中国专利信息，包括发明、实用新型和外观设计三种专利的详细数据。本节利用检索表达式 TS = "光伏发电 OR 最大功率跟踪 OR 光伏并网 OR DC – DC 变换器 OR 太阳能电池阵列 OR 太阳能辐射 OR 孤岛检测 OR 光伏陈列 OR 光伏电池 OR 非晶硅 OR 节能建筑 OR 单晶硅 OR 氢储能 OR 薄膜硅"[179]，对该数据库中太阳能光伏领域迄今为止仍然有效的发明专利进行检索，然后在此基础上对专利文献全文进行速读后筛选包含"绿色、节能、减排"主题的专利数据作为最终太阳能光伏产业绿色创新研究数据，共得到 2001 ~ 2016 年 16 年间发明专利共 14 862 项，其中共包含 4 级 IPC 号 371 个（舍去 IPC 中的小组号后），涉及的非个人专利权人（包括企业、科研机构）共 292 个。

在对原始数据进行初步清洗后，还需对合作申请的专利数据进行处理，以便对专利权人之间的关系进行更深入的分析。当一条专利记录中包含多个专利权人，并且其中至少有一个专利权人存在独自申请或和其他专利权人合作申请专利的情况时，则将该专利按照不同专利权人分成多条专利记录。反之，则将多个专利权人视作同一个专利权人处理。

对该领域专利权人拥有专利数进行统计后发现，绝大多数专利掌握在少数核心专利权人手中，即该领域技术创新活动同样存在着"富者越富"的情况。为了解各专利权人之间技术相似性的动态演化情况，依据专利从申请到获批所需要时长，设置两年为一个时间间隔，将 2001 ~ 2016 年共 16 年间专利数据分为 8 个时间窗。分别对 8 个时间窗内的专利权人技术相似性进行求解，并进行统计分析，以识别专利权人之间创新关系的变化情况。

6.3 太阳能光伏企业技术相似性研究

6.3.1 基于加权二分图投影算法的企业资源分配量分析

为了揭示这些专利权人之间技术相似性，以及其动态演化情况，本节以两年为一个时间周期，利用筛选后的数据构建专利权人与 IPC 号之间的加权二分图。其中专利权人构成该加权二分图的顶层节点集合，IPC 号构成底层节点集合。当专利权人在某一领域申请了专利，则将专利权人与代表该领域的 IPC 号之间连成一条边，而专利权人在这一领域申请的专利数量则为边权值。

根据加权二分图投影算法（6.1）

$$f'(x_i) = \sum_{j=1}^{m} \frac{p_{ij} e_{ij} f'(y_j)}{\sum_{i=1}^{n} p_{ij}} = \sum_{j=1}^{m} \frac{p_{ij} e_{ij}}{\sum_{i=1}^{n} p_{ij}} \cdot \sum_{i=1}^{n} \frac{p_{ij} e_{ij}}{\sum_{j=1}^{m} p_{ij}} f(x_i) \quad (6.1)$$

令

$$w_{ij} = \frac{p_{ij} e_{ij}}{\sum_{i=1}^{n} p_{ij}} \cdot \sum_{i=1}^{n} \frac{p_{ij} e_{ij}}{\sum_{j=1}^{m} p_{ij}} \quad (6.2)$$

则将公式（6.1）化简为

$$f'(x_i) = \sum_{j=1}^{m} w_{ij} f(x_i) \quad (6.3)$$

以两年为一个时间周期，利用公式（6.1）~（6.3）计算太阳能光伏产业各专利权人资源分配量，得到 2001 ~ 2016 年期间共 8 个时间周期的资源分配量矩阵。由于专利权人资源分配近似性矩阵仅为技术相似性计算过程中的中间结果，因此受篇幅限制，此处仅给出 2001 ~ 2002 年的专利权人之间的资源分配矩阵，如表 6 − 1 所示，具体专利权人名称见附录。

表 6 − 1　　　　　　　　2001 ~ 2002 年专利权人资源分配矩阵

目标节点	1	2	3	4	5	6	7	8	9
1	0.96	0.13	0.00	0.08	0.00	0.00	0.00	0.00	0.00
2	0.03	0.56	0.00	0.25	0.25	0.00	0.00	0.00	0.00
3	0.00	0.00	1.00	0.00	0.00	0.00	0.00	0.00	0.00
4	0.01	0.19	0.00	0.50	0.25	0.00	0.00	0.00	0.00

目标节点	1	2	3	4	5	6	7	8	9
5	0.00	0.13	0.00	0.17	0.50	0.00	0.00	0.00	0.00
6	0.00	0.00	0.00	0.00	0.00	1.00	0.00	0.00	0.00
7	0.00	0.00	0.00	0.00	0.00	0.00	1.00	0.00	0.00
8	0.00	0.00	0.00	0.00	0.00	0.00	0.00	0.50	0.50
9	0.00	0.00	0.00	0.00	0.00	0.00	0.00	0.50	0.50

在该矩阵中，行代表原节点，列代表目标节点，系数值越大，代表两节点资源分配相似性越大，反之则越小。由于经历了两次投影压缩计算，因此即使是同一专利权人之间的资源配置系数也小于1，但其依然是同一行中的最大值。由此可见，尽管投影压缩算法会带来一定的信息损耗，但不影响它描绘同一类节点之间关系程度。

另外，由表6－1可见，该资源分配矩阵为非对称矩阵，例如：MEMC电子材料有限公司（即节点1）与东芝株式会社（即节点2）的相似性为0.13，而东芝株式会社与MEMC电子材料有限公司的资源分配近似系数为0.03，这一结果主要是由于投影时始终站在目标节点的视角，充分考虑了目标节点资源总量以及其在各技术领域资源分配比例而造成的。因此，可以将原节点看作是目标节点的特征向量，而其对应的资源分配近似性系数为目标节点的特征值。此时将太阳能光伏行业视作由目标节点组成的系统，利用Pearson相关系数算法计算目标节点在行业中的技术相似性系数，并以此探求专利权人之间的关系。

6.3.2 基于 Pearson 算法的企业技术相似性及演化分析

将6.3.1节求得的资源分配矩阵的行看作每个目标节点的特征值，求得8个时间窗内的各专利权人资源分配近似性的 Pearson 相关系数，并以此作为专利权人之间的技术相似度系数。受篇幅所限，本节仅展现了 2001～2002 年的专利权人技术相似性矩阵，见表 6－2。

表 6－2 **2001～2002 年专利权人技术相似性矩阵**

节点	1	2	3	4	5	6	7	8	9
1	1.00	0.05	－0.13	－0.04	－0.22	－0.13	－0.13	－0.20	－0.20
2	0.05	1.00	－0.23	0.61	0.52	－0.23	－0.23	－0.34	－0.34
3	－0.13	－0.23	1.00	－0.24	－0.23	－0.13	－0.13	－0.19	－0.19
4	－0.04	0.61	－0.24	1.00	0.64	－0.24	－0.24	－0.37	－0.37
5	－0.22	0.52	－0.23	0.64	1.00	－0.23	－0.23	－0.35	－0.35
6	－0.13	－0.23	－0.13	－0.24	－0.23	1.00	－0.13	－0.19	－0.19
7	－0.13	－0.23	－0.13	－0.24	－0.23	－0.13	1.00	－0.19	－0.19
8	－0.20	－0.34	－0.19	－0.37	－0.35	－0.19	－0.19	1.00	1.00
9	－0.20	－0.34	－0.19	－0.37	－0.35	－0.19	－0.19	1.00	1.00

由上表可以看出，首先，浙江大学（即节点8）与佳能株式会社（即节点9）的技术相似性系数为1，可以理解为，在2001～2002年两年间，浙江大学与佳能株式会社的技术创新资源布局以及创新能力具有明显的正向相似性。其次，浙江大学（即节点8）与MEMC电子材料有限公司（即节点1）、清华大学（即节点3）、精工爱普生株式会社（即节点6）、丰田自动车株式会社（即节点7）技术相似性系数分别为－0.20、－0.19、－0.19，根据 Pearson 相关系数的定义，浙江大学与以上四个专利权人之间不存在技术相关性。最后，浙江大学与东芝株式会社（即节点2）、索尼株式会社（即节点4）、株式会社半导体能源研究所（即节点5）的技术相似性系数分别为－0.34、－0.37、－0.35，也就是说，浙江大学与以上3个专利权人均存在负相关性。由此可见，在2001～2002年期间，浙江大学在技术创新资源分配以及重点研究领域布局时与其他3个专利权人呈现互补性。

随着时间的推移，各技术创新主体在太阳能光伏技术领域不断投入创新资源，并产生新的创新成果。各专利权人结合领域中的创新成果以及自身创新能力，布局其技术创新战略。由于受到自身以及其他创新主体的影响，专利权人之间的技术相似性是不断变化的。为了了解技术相似性的动态演化情况，并以此剖析企业间创新关系，对 2001~2004 年期间一直存在的专利权人之间的技术相似性系数进行统计分析，获得 2001~2002 年和 2003~2004 年两个时间周期一直存在于太阳能光伏产业的专利权人技术相似性变化情况，如表 6-3 所示。

表 6-3　　2001~2002 年与 2003~2004 年专利权人技术相似性对比

节点	1	3	6	7	9
1	1.00	-0.13 (0.40)	-0.13 (-0.30)	-0.13 (-0.15)	-0.20 (-0.19)
3	-0.13 (0.40)	1.00	-0.13 (0.22)	-0.13 (-0.19)	-0.19 (-0.21)
6	-0.13 (-0.30)	-0.13 (0.22)	1.00	-0.13 (-0.19)	-0.19 (-0.06)
7	-0.13 (-0.15)	-0.13 (-0.19)	-0.13 (-0.19)	1.00	-0.19 (0.51)
9	-0.20 (-0.19)	-0.19 (-0.21)	-0.19 (-0.06)	-0.19 (0.51)	1.00

由表结构可见，每一格中均有两行数据，其中第一行为 2001~2002 年技术相似性计算结果，而第二行为 2003~2004 年技术相似性计算结果。2001 年到 2004 年 4 年间一直存在于该行业中的专利权人包括 MEMC 电子材料有限公司（即节点 1）、清华大学（即节点 3）、精工爱普生株式会社（即节点 6）、丰田自动车株式会社（即节点 7）、佳能株式会社（即节点 9）以上 5 个。从两个观察周期的数据变化可以看出，MEMC 电子材料有限公司（即节点 1）与清华大学（即节点 3）的技术

相似性从较弱的负相关演变为正相关。也就是说，两专利权人的技术创新资源分配及技术领域布局从最初的互补性逐渐转为相似性。

6.3.3 太阳能光伏企业相似性动态演化可视化分析

由于研究涉及 8 个周期且该领域中专利权人众多，关系错综复杂，所以无法仅通过数据表的形式对专利权人之间的关系进行动态分析。为了更加直观的了解每个周期内专利权人之间技术相似性及其相互关系，本节利用 Pajek 软件绘制专利权人之间的关系网络，其中节点名称详见附录。

从图 6-1 可以看出，当阈值为 $|0.3|$ 时，节点 8、节点 9 与节点 4、节点 5、节点 2 之间的技术相似性均为负相关，而节点 8 与节点 9 之间存在显著正相关性。说明这五个专利权人所涉猎的技术领域具有重叠性，但在具体的资源分配战略上却有所不同。此时，节点 8 和节点 9 技术资源分配战略高度一致，而节点 4、节点 5 与节点 2 的技术资源分配战略一致，但却与节点 8 和节点 9 的相反。与此同时，可以看到，该网络图中节点 1、节点 3、节点 6 和节点 7 为散点，说明这 4 个专利权人与其他专利权人之间技术不存在相似性。由于 2001～2002 年为太阳能光

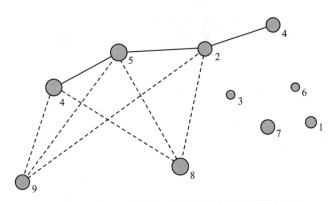

图 6-1 2001～2002 年专利权人技术相似性网络

伏产业技术创新初期，各专利权人在某个特定子领域积极进行创新活动，因为尚无其他专利权人进入该领域，使4个专利权人对其所在技术领域具有独占性。

对比图6-1和图6-2可以看出，在太阳能光伏产业初期，部分专利权人在该领域的技术创新活动属于试水行为且涉及的技术领域较为有限。到了2003~2004年，有将近45%的专利权人暂停了该行业的技术创新活动，但同时又有15个新的专利权人进入该产业当中。对新进入该领域的专利权人专利数据进行分析后发现，绝大多数新进专利权人的技术创新领域布局采取了跟随已有专利权人的技术创新轨迹。这一创新跟随战略也使得在上一周期中具有技术独占性优势的专利权人无法再继续保持技术中立状态，新专利权人的加入迫使他们不断变换其技术创新战略，这一点从其技术相似性的演化情况就可以看出。

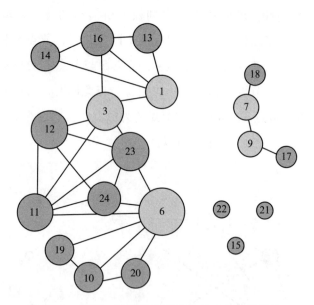

图6-2　2003~2004年专利权人技术相似性网络

另外，有少数专利权人在首次进入太阳能光伏产业的同时开拓了新的技术领域，例如节点15、节点21和节点2。

从图 6-3 可以看出，上一周期中的 20 个专利权人依然存在于该行业中，而与此同时又有 23 个新专利权人进入太阳能光伏产业。大量新专利权人的进入与原有专利权人一起带来太阳能光伏产业快速成长。在该网络图中还可以看出，专利权人因技术创新领域以及资源分配比例不同而被聚集成为 5 个子网络，其中，节点 23 和节点 45 单独构成两个子网络，而节点 9 和节点 48 构成同一个子网络，另外由节点 3、节点 7、节点 18、节点 20、节点 33、节点 39、节点 40 和节点 42 一同构成一个规模较大的子网络，最后由剩余节点共同构成该网络中最大的子网络。由子网络的结构不难看出，在 2005～2006 年期间，专利权人对太阳能光伏的技术创新领域尚处在探索阶段，因此大多数专利权人选择在已有子领域中开展创新活动，这就使竞争与中立关系成为各子网络内部专利权人之间的主要创新关系。

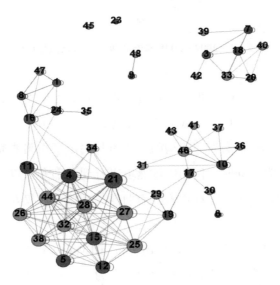

图 6-3　2005～2006 年专利权人技术相似性网络

图 6-4 的网络中除各别散点外，仅存一个子网络。由此可见，产业中各专利权人正不断扩大研究领域，使技术垄断逐渐退出该领域。从另一

方面也说明了中国太能光伏技术正在向更广泛、更全面的方向发展。

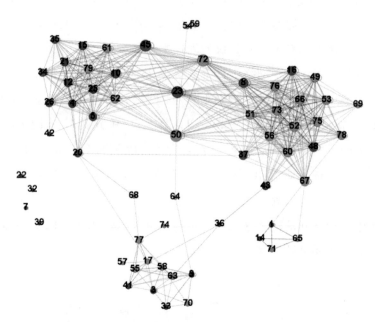

图 6-4　2007~2008 年专利权人技术相似性网络

　　对图 6-5 和图 6-6 进行比较后发现，随着太阳能光伏产业在中国的快速发展，该领域中专利权人不断增加，2011~2012 年度专利权人数量达到最大值。企业与研究机构的广泛参与揭示了太阳能光伏产业欣欣向荣的发展前景。同时在两图中依然可以看到个别专利权人仍可以找到独特的技术创新领域，并在该考察周期内与其他专利权人之间形成短暂的中立关系。

　　比较图 6-6~图 6-8 可以看出，自 2013 年以来新增专利权人的比例明显下降，网络中主要以已存专利权人为主，且专利权人总量趋于稳定。可见，太阳能光伏产业的技术创新板块已基本形成，各专利权人的创新领域基本稳定，且无中立专利权人存在。对各网络进行简单聚类后，形成的网络图如图 6-7 和图 6-8 所示，大致可以看出该产业技术

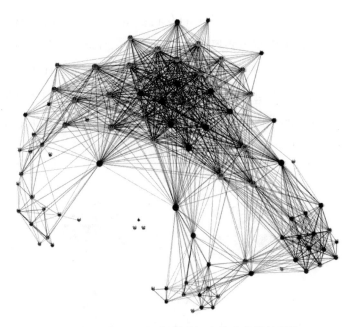

图 6 - 5　2009～2010 年专利权人技术相似性网络

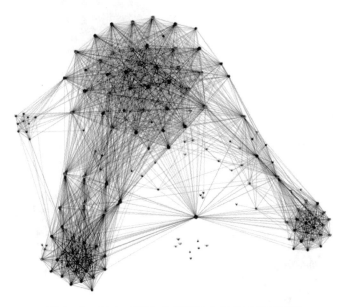

图 6 - 6　2011～2012 年专利权人技术相似性网络

创新主要分为三个板块。对其中的专利数据及 IPC 号进行分析后发现，太阳能光伏的技术创新主要集中在 C（化学、冶金）大类中硅、单晶硅中类、F（机械工程、照明、加热）类的照明中类以及 H（电学）大类中基本电气元件、发电变电或配电中类中。但由于网络中无独立子网络存在，表明太阳能光伏产业专利权人的技术创新正在向其上、下游纵深发展。

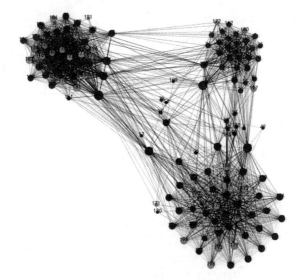

图 6 - 7　2013～2014 年专利权人技术相似性网络

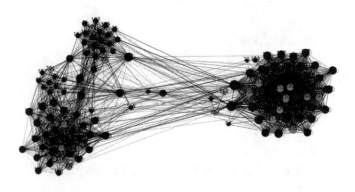

图 6 - 8　2015～2016 年专利权人技术相似性网络

6.4　专利权人关系辨识及合作伙伴选择

6.4.1　专利权人技术相似性关系分类

根据 Pearson 相关性系数划分标准，设定 |0.3| 为阈值，认为技术相似性系数绝对值小于 |0.3| 则两专利权人之间无技术相似性，系数大于 0.3 为技术相似性正相关，而小于 -0.3 为技术相似性负相关。对三种技术相似性下专利权人关系进行分析如下：

首先，专利权人之间技术相似性具有正相关关系。对具有此种特性的专利权人之间关系进行分析后发现，其技术具有重叠性。除去那些已建立合作关系的专利权人之外，由于技术具有高度相似性，因此专利权人之间更容易形成竞争关系。

其次，专利权人之间技术相似性具有负相关关系。这一现象说明，专利权人涉猎的技术领域有所重叠，但在资源分配的比例上却有所不同。这样的技术创新战略布局可以让专利权人避开他人较强的技术领域，而选择其涉猎过但相对薄弱的技术领域进行重点布局。通过这种方式可以避免使其与技术强势企业进行正面交锋，而且还可以与技术强势企业技术呈现互补性。根据以往研究可以看出，这类企业之间更容易建立合作关系。

最后，个别专利权人之间不存在技术相似性。当阈值为 |0.3| 时，部分专利权人与其他专利权人的技术创新布局没有任何相似性。通过对其所申请专利涉及的技术领域进一步深入分析后发现，这些专利权人申请的专利绝大多数为其他专利权人较少涉猎的技术领域，因此技术重叠性较小，造成了与其他专利权人之间技术相似性不强的现象。由于与其他专利权人的技术距离较大，即使同处于太阳能光伏行业之中，但依然

可以在技术上与其他专利权人保持着既不合作也不竞争的关系。这类专利权人往往拥有特定技术，因此维系与这类专利权人之间的关系使其不转变为自己的竞争对手可以为未来的合作创新奠定基础。

6.4.2 合作伙伴选择

对各时间窗中的合作专利权人进行统计，并对这些有过合作经历的专利权人在以往时间窗中的技术相似性表现进行分析。研究后发现，合作伙伴主要有两类：一类是在技术创新伊始就已经选好合作伙伴的。通常这类合作主要存于彼此对对方技术创新水平较为熟悉的情况下，例如，有研半导体材料股份有限公司和北京有色金属研究总院，许继电气股份有限公司和西安许继电力电子技术有限公司，国家电网公司与其下属子公司之间等。另一类则是在不了解对方技术创新实力的前提下选择合作伙伴，而本书亦重点考察企业在进行此类合作伙伴选择时的标准和内在规律。

在第二类合作伙伴选择时，潜在合作伙伴的前期技术相似性表现就成为选择时主要的参考指标。以浙江昱能光伏科技集成有限公司在2011～2012年与浙江大学的合作为例，浙江大学早在2001年伊始就已经开始在太阳能光伏领域开展技术创新活动，且技术创新水平一直处于主导地位。2005～2006年期间新进入的专利权人信越半导体株式会社和中国科学院长春光学精密机械与物理研究所均与浙江大学技术相似性表现为较强的正相关，由此可见，部分新进专利权人以浙江大学技术创新风向标。2007～2008年期间，此现象更为明显，新进专利权人与浙江大学技术相似性高于0.3的占38%。而2009～2010年期间浙江昱能光伏科技集成有限公司首次进行太阳能光伏技术创新活动，在此期间共有129个专利权人参与太阳能光伏技术创新活动并取得相应发明专利，而与浙江大学以及浙江昱能光伏科技集成有限公司技术相似性同时呈正相关的共8个，仅占专利权人总数的0.06%。因为技术重叠性较小，使浙

江大学与浙江昱能光伏科技集成有限公司技术相似性低于 0.3，按照
Pearson 系数划分标准，可视为二者技术无相似性。正因为浙江大学技术
创新能力较强，而且与浙江昱能光伏科技集成有限公司的技术相似性为
0，2011~2012 年期间，浙江昱能光伏科技集成有限公司选择浙江大学
作为合作伙伴。但值得注意的是，两专利权人的合作仅发生在 2011~
2012 年期间，之后的四年中再无合作创新行为。对两专利权人技术创新
能力进行分析后发现，两专利权人技术创新实力差距较大，是造成合作
无法长期进行的主要原因，而这一点在前第 5 章中也有相关论证。

对历年合作专利权人的技术相似性进行统计分析后发现，除去第一
类合作伙伴选择方法外，与浙江昱能光伏科技集成有限公司合作伙伴选
择标准相似的专利权人占到 78.3%。由此可见，技术相似性系数是分析
专利权人之间技术创新资源分配以及技术创新侧重点异同的主要指标。
通常企业会选择技术相似性系数小于等于 0 的专利权人作为未来合作创
新伙伴，此时专利权人之间技术重叠性较低，容易在合作过程中实现优
势互补，进而达到 1 + 1 > 2 的效果。当企业技术相似性系数越大时，企
业间技术重叠性越高，除却因合作引起的技术相似性系数过高以外，这
种情况不但无法为企业之间技术创新合作带来优势互补，反而会因过于
相似的技术引起竞争。这一研究结论同时也验证了维萨维尔等人（Ver-
saevel et al.）的观点，即选择合作创新伙伴时更倾向于没有市场冲突的
对象[180]。

6.5 本 章 小 结

如何快速准确地掌握其他专利权人的技术创新情况，进而识别潜在
的竞争对手、发现未来合作伙伴已经成为亟待解决的问题。尽管通过对
技术相似性进行量化来探讨专利权人之间创新关系的研究方法已经取得
了一定的成效，但由于量化结果均为正数，因此只能揭示两专利权人的

技术在多大程度上相似，而无法描述技术"互补"以及"中立"等情况。鉴于此，本章利用加权二分图投影算法和 Pearson 相关系数算法，在充分考虑专利权人资源总量以及创新资源配比的基础上，计算了太阳能光伏专利权人的技术相似性系数。研究结果全面直观地展现了专利权人之间存在的三种技术相似性关系，并借此进一步挖掘了专利权人之间的潜在联系，为其未来技术创新关系布局提供指导建议。

第7章

政府创新补贴、技术创新能力与
企业创新关系实证分析

关于太阳能光伏产业的绿色创新的影响因素研究多数学者将研究视角集中在政府创新补贴政策上，尽管研究取得一定成果，但依然存在一些问题。首先，如何制定更加有效的政府创新补贴政策尚没有统一结论。其次，太阳能光伏绿色创新作为一个复杂系统，受到来自各方因素的影响，而现有研究却对除政府补贴之外的其他因素研究少之又少。最后，各影响因素之间存在的或促进或制约的关系仍不明晰。因此，本章对第6章获得的 2001～2016 年这 16 年的企业技术相似性数据进行处理，查找对应企业每年获得的国家或地区创新补贴数据，利用企业发明专利数据共同构成实证所需的非平衡面板数据。然后利用相关性分析和回归分析以发现当技术创新能力势差存在的情况下，政府创新补贴与企业创新关系之间的内在联系。

7.1 理论分析与研究假设

根据第五章研究结论，企业的技术相似性程度对合作创新伙伴选择具有负向影响，而对竞争激烈程度具有正向影响。尽管在合作关系和竞争关系中企业技术创新相似性数值均表现为 0 到 1 之间较大的正数，但其所代表的含义却不同。为了将两种技术相似性含义区分开来，本书将企业创新关系分为合作与非合作两类，并利用企业合作关系规模以及合作力度两个指标来衡量企业合作紧密程度，利用非合作关系的企业技术相似度来衡量企业竞争激烈程度。

7.1.1　政府创新补贴与企业创新关系

尽管国家大力倡导新能源的开发和利用，但是在传统能源依然占据主导地位的今天，单纯依赖市场的自发调节作用无法使太阳能光伏产业良性快速稳健发展，此时，政府的宏观调控尤其是补贴政策必须发挥主导作用。伦德（Lund）认为政府政策对企业产出具有重要影响，创新补贴推动了产业创新活动多样化进程，提升了太阳能光伏产业技术优势[181]。袁（Yuan）等研究指出，我国太阳能光伏产业投资政策只会造成产品价格波动和行业的产能过剩，对技术创新作用有限，因此应有侧重性的部署政府创新补贴政策[182]。为使企业创新侧重点从单纯地追求绿色产品创新转向绿色过程创新，那么政府创新补贴政策体系需进行调整。吕东东在其研究中指出，我国太阳能光伏产业创新补贴政策体系需要进行重构，才能够实现从基于创新成果的补贴形式向基于创新过程的补贴形式的转变[183]。

值得注意的是，政府创新补贴政策不但影响着产业发展，对其他创新因素也发挥作用。产业政策制定者正是因为忽视了创新政策对其他因素的影响，才引起各种政策失灵问题。贺正楚等通过构建博弈模型，分析了光伏产业中存在的政府引导政策失灵和共性技术失灵问题。研究结果表明，政府过度补贴政策造成光伏产业产能过剩，对共性技术的支持引发企业竞争压力增大[184]。吕东东的研究也提到，为了促进产业内、企业间和产学研等多种形式的合作创新，政府应出台有倾斜性的补贴政策[183]。可见，政府创新补贴增加能够促进企业合作创新模式的展开，但过度补贴又将使企业间竞争加剧。

由此提出假设：

H1a：政府创新补贴与企业合作关系规模之间存在倒"U"型曲线关系。

H1b：政府创新补贴与企业合作关系力度存在正相关。

H2：政府创新补贴与非合作关系企业的技术相似度存在"U"型曲线关系。

7.1.2 技术创新能力对政府创新补贴与企业创新关系的调节作用

技术创新能力是一个复杂的不确定性概念，其涵盖了资源观、吸收能力观、知识基础观以及动态能力观等多种方面[185]。众多学者从不同研究范畴对技术创新能力的内涵加以定义，例如，普拉哈拉德（Prahalad）和哈梅尔（Hamel）对索尼和菲利普等公司的核心竞争力进行考察后发现，推动企业快速成长的是组织对不同产品和技术的整理和学习能力，并将这种能力定义为企业的技术创新能力[186]。许庆瑞对绿色产品创新和绿色过程创新等绿色创新模式下的技术创新能力进行考察后指出，技术创新能力是本质上知识[187]。蔡宁等则指出，技术创新能力主要表现为对创新成功率的影响上[188]。目前国内外学者普遍认同技术创新能力是企业产品创新和工艺创新以及这些创新技术的转化和实施能力。罗炜和唐元虎在其研究中分析了创新能力差异对企业间合作动机的影响，指出当企业技术创新能力相当且创新资源具有同质性时，企业合作创新的动机是为了共担成本，而当企业技术创新能力互补时，企业合作创新的动机是为了实现技术共享，最大限度的实现合作伙伴间的技术溢出[189]。蒋军锋通过建立基于 0~1 的混合规划模型对企业技术创新能力与企业合作创新之间的关系进行研究，研究结果指出，企业之间的技术创新能力差异越大，其开展合作创新的难度越大、规模越小，当企业间技术创新能力相当时，企业合作规模将达到最大值[190]。显然，企业间创新关系不单单取决于单个企业的技术创新能力，还需要考虑到对方的技术创新能力[191]，由此，本书选取企业间技术创新能力势差作为技术创新能力考查指标。

为促进企业间合作创新，通常情况下政府将提供一定数量的创新补贴。尽管政府创新补贴对企业的创新关系决策具有引导作用，但企业在进行创新关系选择时，还会考虑自身以及潜在合作伙伴或竞争对手的技术创新实力以及所拥有的创新资源。故而，企业技术创新能力对政府创新补贴与企业创新关系有调节作用。柯忠义等曾在其研究中指出，企业间技术创新互补程度影响着企业合作创新模式和动机，而政府创新补贴同样对企业的合作创新模式和动机具有影响。他们利用三阶段博弈模型分析了企业间技术创新能力互补情况下，政府创新补贴对企业合作创新模式和动机的影响，结果表明，当企业间技术创新能力存在势差时，政府对技术创新的补贴不仅可以增加社会福利，而且还会改变企业间的合作创新模式，使得社会收益与企业收益同时达到最优[192]。朱晓姝等将企业合作创新模式分为完全合作、部分合作和完全不合作三种，并指出，企业间技术创新能力势差将带来技术溢出效应，当技术溢出程度增加时，政府需要适当提升补贴支持力度才能够使企业在创新过程中受益[193]。

为了考察企业技术创新能力对政府补贴与企业创新关系的影响，本文提出以下假设：

H3a：企业技术创新能力势差对政府创新补贴与企业合作关系规模的关系具有负向调节作用。

H3b：企业技术创新能力势差对政府创新补贴与企业合作关系力度的关系具有负向调节作用。

H4：企业技术创新能力势差对政府创新补贴与非合作关系企业的技术相似度的关系具有积极的调节作用。

7.2 模型构建与变量选取

7.2.1 计量模型

根据本书的研究目标，构建了公式（7.1）~公式（7.6）依次对假设 H1 ~ 假设 H6 进行检验：

$$CNum = \beta_0 + \beta_1(Govn) + \beta_2(Govn)^2 + \beta(Densi) + \varepsilon \tag{7.1}$$

$$CStron = \beta_0 + \beta_1(Govn) + \beta(Densi) + \varepsilon \tag{7.2}$$

$$NStron = \beta_0 + \beta_1(Govn) + \beta_2(Govn)^2 + \beta(Densi) + \varepsilon \tag{7.3}$$

$$CNum = \beta_0 + \beta_1(Govn) + \beta_2(Govn)^2 + \beta_3(Diff) + \beta_4(Diff)$$
$$\times (Govn) + \beta(Densi) + \varepsilon \tag{7.4}$$

$$CStron = \beta_0 + \beta_1(Govn) + \beta_2(Diff) + \beta_2(Diff)$$
$$\times (Govn) + \beta(Densi) + \varepsilon \tag{7.5}$$

$$NStron = \beta_0 + \beta_1(Govn) + \beta_2(Govn)^2 + \beta_3(Diff) + \beta_4(Diff)$$
$$\times (Govn) + \beta(Densi) + \varepsilon \tag{7.6}$$

其中，因变量包括 CNum，合作关系规模（cooperation number，CNum）；CStron，合作关系力度（cooperation strongs，CStron）；Nstron，非合作关系技术相似度（non-cooperation strongs，NStron）。自变量包括 Govn，政府创新补贴（govnment innovation subsidy，Govn）；Diff，技术创新能力势差（Potential difference of technological innovation capbility，Diff）。Densi 为控制变量，表示网络密度（network density，Densi）。β_i 为相关系数，ε 为误差项。

7.2.2 变量选取与计算

对计量模型中所涉及的各变量进行选取与测量。根据以往研究经

149

验，由于专利从申请到授权大致需要一年半到两年的时间，这就使得自变量与因变量之间存在滞后期现象，即第 $t-2$ 年的政府创新补贴对应第 t 年的专利数据，因此，本节引入时间窗的思想。尽管 2001~2002 年期间就有企业和高校在我国太阳能光伏产业申请发明专利，但一方面由于与该时间窗相对应的 1999~2000 年的政府创新政策尚不健全，另一方面涉及的专利权人仅 9 位，且其中包括 4 位国外专利权人（不享受我国政府创新补贴），因此本节不考虑 2001~2002 年期间相关数据。将 2003~2016 年划分为 2003~2004 年、2005~2006 年、2007~2008 年、2009~2010 年、2011~2012 年、2013~2014 年、2015~2016 年共七个时间窗口，生成七个企业技术创新相似性网络。

另外，因为在观测时间中每个时间周期的节点数量不同，所构成的面板数据为非平衡面板数据。此时，由于每个周期内的数据量有限，人为的补全或删除数据以构建平衡面板将影响样本的真实性和完整性，因此，本书将基于非平衡面板数据对各变量测量如下：

1. 因变量

将企业创新模式分为合作和非合作两类，并用合作关系规模和合作关系力度来考察合作紧密程度，用非合作关系的技术相似度来考察竞争激烈程度，因此本书的因变量共三个，即合作关系规模、合作关系力度以及非合作关系的技术相似度。然后选择中国知识产权局太阳能光伏绿色创新发明专利对三个因变量测量。

（1）合作关系规模（$CNum$）。

在第 5 章技术创新相似性网络中抽取具有直接合作关系的专利权人作为节点，各专利权人之间的合作关系作为节点之间的边，节点间技术相似性系数为节点边权值邻接矩阵，共同构建合作关系子网。为了了解各节点的直接合作关系规模，将网络邻接矩阵二值化去权重处理，得到新的邻接矩阵。在该矩阵中仅存在 0 或 1，其中 0 表示两个节点之间无直接合作关系，而 1 表示两节点之间有直接合作关系。对处理后的无权网络邻接矩阵利用公式（7.7）计算各节点的度数中心性。

$$C_D(N_i) = \frac{\sum\limits_{j=1}^{g} x_{ij}}{(g-1)}, \ (i \neq j) \tag{7.7}$$

其中，$C_D(N_i)$ 表示节点的度数中心度，$\sum\limits_{j=1}^{g} x_{ij}$ 表示节点 i 与其他 $g-1$ 个 j 节点之间的直接联系数量。

（2）合作关系力度（*CStron*）。

合作关系力度是衡量合作关系的另一重要指标，合作关系规模仅能够反映合作范围的宽度，而合作关系力度则反映了合作伙伴在合作创新中投入的资源数量以及创新成果在各自企业成果中的所占比例。合作关系力度越大，则说明合作越紧密，但同时也将使合作双方技术趋同化现象越加明显。为此，本书选取各时间窗的技术相似性网络中的直接合作关系子网进行考察，对各节点与其他节点的技术相似性系数取均值处理，以代表该节点合作关系力度。

（3）非合作关系的技术相似度（*NStron*）。

非合作关系并不等同于竞争关系，事实上还包含着既不合作又不竞争的一种特殊关系，即中立关系。本书用非合作关系的专利权人技术相似程度对这两种关系进行度量。当技术相似性系数在 [−0.3，0.3] 之间时，根据 Pearson 相关系数界定标准，认为专利权人之间不存在技术相似性，也就是说两专利权人之间存在中立关系。而当技术相似性系数大于 0.3 时，其值越大则说明两专利权人的创新成果越具有趋同性，此时认为两专利权人的产生竞争的可能性越大，且将随着该系数的增大，其竞争越激烈。

为计算该指标，本书对第五章获得的技术相似性网络进行处理。此时，为了防止专利权人关系过于复杂而造成对研究目标的干扰，假设合作专利权人之间的不存在竞争关系，故而，将技术相似性网络中节点之间直接合作关系连线直接去掉。对处理后的非合作关系技术相似性网络中各节点与其他节点的技术相似性系数取均值处理，以代表该节点的竞争激烈程度。

2. 自变量——政府创新补贴（*Govn*）

政府创新补贴是指为了提升企业技术创新积极性而对其创新行为给予的直接补贴。由于政府创新补贴形式较多，本书只考虑政府的直接创新补贴。当专利权人在中国没有注册公司时，由于其在我国申请专利的目的主要为了抢占市场或技术围挡，不享受我国的政府创新补贴，因此，政府创新补贴记为 0。当专利权人为我国上海证券交易所或深圳证券交易所上市公司时，则以 WIND 数据库中上海证券交易所和深圳证券交易所披露的企业年报中会计科目"营业收入"中政府补贴数据作为政府创新补贴数据。其余专利权人的政府创新补贴数据则来自《中国科技统计年鉴》《中国环境统计年鉴》《中国统计年鉴》《中国能源统计年鉴》，以及太阳能光伏产业相关网站。当无法找到对应专利权人的政府补贴数据时，则以当年地方政府补贴政策中创新补贴标准填补该数据。

另外，由于我国发明专利的申请需要经历十八个月的时间，使得专利有约两年的滞后期，这就造成了政府创新补贴政策与专利数据之间的滞后性，也就是说，第 t 年的专利成果以及创新关系模式是受到第 $t-2$ 年政府创新补贴政策的影响造成的。

3. 调节变量——技术创新能力势差（*Diff*）

企业技术创新能力的高低会影响企业对知识的识别、吸收和学习能力，其核心主要包括技术创新研发能力、技术成果的保护、技术实施转化和应用能力三个方面。专利是技术创新活动中最直接和最主要的产出成果之一，其与技术创新具有最密切的关系，也是反映以上三个方面的最优指标[194]。相较于申请专利，授权专利更能够反映个体的技术创新能力。因此，本书选取专利权人在每个时间窗中所申请并授权的发明专利数与其他专利权人的授权发明专利数的平均值之差作为企业技术创新能力势差。

4. 控制变量——网络密度（*densi*）

网络密度刻画了网络中节点之间相互连接的密集程度，常常用于测量社交网络的各成员关系的密集程度以及演化趋势。当网络密度越大时，成员之间的关系越密集[195]。在太阳能光伏产业绿色创新网络中，网络密度越大表示网络中企业间的交互关系越密集。在这样的网络中知识传递速度越快，质量越高，知识在网络内的溢出程度将影响企业创新模式选择[196]。

7.3 实证分析

7.3.1 相关性检验

本节运用 Eviews 对变量进行描述性统计和相关性检验，结果如表 7-1 所示。

表 7-1　　　　　　　　描述性统计和相关性检验

变量	均值	标准差	1	2	3	4	5	6
CNum	1.44	1.082	1					
CStron	0.56	0.509	0.037	1				
NStron	0.63	0.615	0.031	0.542**	1			
Govn	41.35	86.231	0.421**	0.134*	0.309**	1		
Diff	2.175	2.196	0.014	0.125*	0.172*	0.003	1	
densi	0.085	0.008	0.309**	0.206*	0.215*	0.001	0.031	1

注：样本数量变化源于部分数据缺失，* 表示 $P < 0.10$；** 表示 $P < 0.05$；*** 表示 $P < 0.01$。

从各变量的相关系数来看，不存在明显的相关性，而相关性较高的变量分别处于不同模型中，因此可以进行回归分析。

7.3.2　回归分析

本小节利用非平衡面板数据考察政府创新补贴与合作关系紧密程度、非合作关系技术相似性之间的关系。为了避免模型中的交互项之间可能存在的多重共线性问题，将交互项变量先各自进行中心化处理。然后分别利用似然比检验和 Huasman 检验对效应模型进行选择，根据检验结果，最终采用固定效应模型。回归分析结果如表 7 - 2 所示。

表 7 - 2　　　　　　　　　　　回归分析结果

	因变量								
	合作关系规模			合作关系力度			非合作关系技术相似度		
	1	2	3	4	5	6	7	8	9
Govn		8. 491 *	8. 491 *		0. 006	- 0. 203 *		- 0. 313 *	- 0. 313
Govn²		- 0. 898 *	- 1. 791 *					0. 142 *	0. 127 *
Diff			- 3. 128 **			- 1. 47 *			0. 373 **
Diff × Govn			- 0. 074 *			- 0. 094 *			0. 083 *
Densi	0. 531 **	0. 305 *	0. 262 *	0. 665 *	0. 619 *	0. 587 *	0. 604 **	0. 568 *	0. 542 *
截距项	- 2. 612	- 2. 723	- 1. 893	1. 212	1. 234	1. 246	1. 419	1. 442	1. 401
Log Likehood	- 215. 43	- 215. 56	- 211. 09	- 388. 49	- 391. 12	- 396. 84	- 267. 48	- 271. 23	- 284. 34
Wald chi2	69. 23 ***	74. 22 ***	76. 12 ***	53. 26 ***	52. 38 ***	52. 69 ***	68. 51 ***	68. 46 ***	70. 34 ***

注：*、**和***分别表示在10%、5%和1%水平上的显著程度。

其中，模型 1、4、7 为基本模型，仅研究控制变量对各因变量的影响。模型 2 依据公式（7.1）对假设 H1a 进行检验，模型 5 依据公式（7.2）对假设 H1b 进行检验，模型 8 依据公式（7.3）对假设 H2 进行检验，模型 3、6 和 9 依据公式（7.4）、（7.5）和（7.6）对假设 H3a、H3b 和 H4 进行检验。表中 log - likehood 检验结果显示，随着变量的引入模型拟合度程度良好。

　　根据模型 2 的估计结果，政府创新补贴回归系数为 8.491，政府创新补贴平方项回归系数为 -0.898，两系数均在 10% 水平上显著，说明政府创新补贴与合作关系规模之间存在倒 "U" 型曲线关系，假设 H1a 得到支持。这表明，政府创新补贴的增加在某种程度上可以增加扩大企业合作创新领域，但当其增加超过阈值时将使得企业合作创新规模缩减。在模型 5 中政府创新补贴回归系数为 0.006，该系数在 10% 水平不显著，因此，政府创新补贴与合作关系力度之间的影响不显著，假设 H1b 未得到支持。这一现象表明政府创新补贴增加并不能为企业带来更多的合作创新成果，结合 H1a 的结果，可以推测，企业仅保持已有合作创新水平的同时将更多的关注力转向非合作创新模式。模型 8 的结果显示政府创新补贴与非合作关系的技术相似性程度之间存在 "U" 型曲线关系，假设 H2 得到支持。说明非合作创新的企业因政府创新补贴增加开始在各领域寻求创新机会，但当政府创新补贴超过阈值后，过高的奖励使得大多数企业转向创新水平较低、创新周期较短的技术领域。大量企业的快速涌入使得技术相似性提高，造成企业间激烈竞争。模型 3 和 5 分别在模型 2 和 4 的基础上引入调节变量技术创新能力势差，回归结果显示，两模型中的交互项 $Diff \times Govn$ 的回归系数为负数且具有显著性，假设 H3a、H3b 得到支持。模型 9 在模型 8 基础上同样引入调节变量技术创新能力势差，回归结果显示，交互项 $Diff \times Govn$ 的回归系数均为积极的、显著的，说明技术创新能力势差对政府创新补贴与非合作关系的技术相似性程度之间的关系存在积极调节作用，假设 H4 得到支持。将假设 H3a、H3b 和 H4 的结论结合起来可以看出，技术创新能力势差增大阻碍了合作创新模式的推广，当政府同时增加创新补贴后，使得产业中竞争更加激烈。

7.3.3 研究结论

对回归结果进行分析后得到以下结论：

首先，政府创新补贴与合作关系规模之间存在显著倒"U"型关系，而技术创新能力势差对这种关系有负向调节作用。

政府创新补贴的增加并不一定能够促进合作关系规模增加，一定数量的政府创新补贴可能会刺激企业积极寻找更多的合作伙伴，从不同技术创新领域开展创新活动。但当政府创新补贴超过某个阈值后，过高的补贴使得企业放弃不擅长的技术领域，将创新重心转回自己较为擅长或技术难度较低，周期较短的技术领域，因此就表现为随着政府创新补贴的增加，企业合作创新伙伴却不断减少，合作关系规模降低。当技术创新能力势差增大时，这种关系规模递减趋势更加明显。当然，合作关系规模的变化并不足以说明政府创新补贴对合作关系紧密程度的影响，此时还需考察合作关系力度的变化情况。

其次，政府创新补贴对合作关系力度影响不显著，而技术创新能力势差对该影响具有负向调节作用。

政府创新补贴的增加并未能刺激合作伙伴开展更多的合作创新活动，而结合企业合作规模递减的结果。可以看出，政府创新补贴超过某阈值后，企业将从理性创新转向谋取政府创新高额补贴的创新活动。此时，如果技术创新能力势差较大，为了独占政府创新补贴，创新能力较强的企业将放弃合作创新模式，而能力较弱的企业因为技术创新能力有限，只能采取模仿创新模式。换言之，技术创新能力势差增大的同时提升政府创新补贴将加速了企业合作关系的破裂。

最后，政府创新补贴与非合作关系的技术创新相似程度之间存在显著"U"型曲线关系，而技术创新能力势差对这种关系具有积极调节作用。

政府创新补贴的增加在一定程度上可以激发企业的创新热情，使得其选择更广泛的技术领域积极开展创新活动。但随着政府创新补贴的递

增，当超过某个阈值时，企业开始转向技术难度较低，创新周期较短的
技术领域，这使得企业技术创新相似度增大。另一方面，当政府创新补
贴与非合作关系的技术相似程度关系进入正相关阶段时，此时的技术创
新能力势差更加速了这种情况。现实中，太阳能光伏企业主要集中在较
低端创新领域，而产业中核心技术却长期匮乏的现象，就是这一问题的
真实写照。

总之，政府创新补贴、技术创新能力势差均对企业创新关系演变存
在影响。在两者同时存在的情况下，仅依赖一种因素而制定的政策往往
无法收到理想效果。太阳能光伏产业绿色创新过程中存在的各种政府创
新政策失灵、长期核心技术匮乏、企业创新动力不足等问题的根源即在
于此。

7.4 政 策 建 议

根据本章实证研究结果，并结合太阳能光伏产业实际创新过程中存
在的问题，提出以下政策建议：

1. 积极促成产业内、企业间、产学研等各种合作创新模式

目前中国在太阳能技术领域合作申请较少，跨机构技术联系较少，
这表明中国产学研结合的创新体系尚不成熟。太阳能产业作为新兴产
业，更应该注重产学研相结合。政府应该充分发挥推动和引导作用，建
立有利于科研成果产业化的转化体系，如建立产学研自主创新战略联
盟，支持企业与高校、科研院所共同建设企业技术中心，健全科技成果
的共享制度等。三者不断加强互动合作、整合优势资源，共同构建起中
国产学研相结合的创新体系，初步形成中国创新合作网络的基本形态。

2. 制定更加有针对性的政府创新补贴政策

政府在制定补贴政策前，应充分考虑到企业间创新能力势差问题。
根据已有研究，企业创新能力势差变化将引起合作创新动机转变。当能

力势差较大时，合作的动机主要源自技术共享，而当能力势差相当时，合作的动机则源自创新成本共担。在充分了解了不同情况下企业的合作创新动机后，政府应制定更加有针对性的创新补贴政策，变基于创新主体的"一刀切"式补贴政策为基于创新成果的补贴政策。此时，政府将不再简单地将创新补贴均分给各合作方，而是由他们根据创新贡献量自行分配。按创新能力自行分配的方法将增加企业创新动力和积极性。

3. 变事前补贴为事后补贴

产出过剩但又创新不足是目前中国太阳能光伏产业所面临的瓶颈问题。绝大多数企业集中在技术要求不高的中游进行光伏电池、电池组的组装生产，而上游硅料提纯却缺乏核心技术，当前我国企业仍在使用俄罗斯的硅料提纯工艺。造成这一现象并不是因为政府补贴不足，而是因为缺乏创新补贴监管，使部分企业创新资金并未用作技术创新当中。基于此，建议政府改事前补贴为事后补贴，即政府根据创新成果的数量和质量给予适当的创新补贴和奖励。

7.5　本章小结

为了分析企业技术创新能力势差存在时，政府创新补贴与企业创新关系选择之间的联系，本章采用中国太阳能光伏产业的发明专利数据，以及对应企业的政府补贴数据构建非平衡面板数据，然后利用相关性分析和回归分析对假设进行验证。结果显示，政府创新补贴增加与企业合作紧密程度之间存在倒"U"型关系，而与非合作关系的技术创新相似性之间存在"U"型关系。同时，技术创新能力势差对两种关系均具有显著的调节作用。本章结合中国太阳能光伏产业绿色创新过程中存在的问题，提出有建设性的政策建议。

第*8*章

总结与展望

本章对全书的主要研究工作进行回顾，对研究中所获得的主要成果和创新点进行总结，并在此基础上指出研究的不足之处，对未来的研究进行展望。

8.1 研 究 总 结

技术创新是一把双刃剑，在实现经济增长的同时也引发了一系列环境问题。全球变暖、雾霾、水体污染、能源短缺……这些都在昭示着绿色创新的重要性和迫切性。绿色创新作为一个动态的复杂巨系统，其发展究竟受到哪些因素的影响、这些因素之间又存在着怎样的相互关系是本书关注的重点。

本书以绿色创新影响因素为研究对象，以中国太阳能光伏产业绿色创新行为为例，分析了影响其绿色创新进程的主要因素，并进一步对该影响因素之间的促进或制约的复杂关系进行研究，以期从微观视角探究造成目前太阳能光伏产业绿色创新动力不足、技术水平低下、创新政策失灵等问题的根本性原因。研究内容及结论如下：

1. 对现有绿色创新的概念和创新模式进行梳理与界定

绿色创新包括绿色产品创新、绿色过程创新、绿色组织创新三种模式，已有研究表明，同一影响因素在不同创新模式中所发挥的作用存在着差异性。本书在对绿色创新影响因素进行归纳总结基础上，以太阳能光伏产业为例，从绿色创新模式的视角分析了太阳能光伏产业创新研究现状以及其存在的各种问题，指出目前我国太阳能光伏产业重产品轻过程的根本性原因在于对其创新模式认知模糊。故而，本书首先对太阳能光伏绿色创新概念范畴进行了重新界定，然后利用超网络理论构建太阳能光伏产业绿色创新生态系统，全面刻画产业内各主体的绿色创新行为及其之间的联系，为太阳能光伏产业中企业绿色创新影响因素的研究提供明确的概念支撑。

2. 利用系统动力学对太阳能光伏产业绿色创新影响因素开展研究

针对太阳能光伏产业绿色创新流程，基于各创新主体的创新行为，对整个产业绿色创新逻辑关系进行梳理，运用系统动力学方法描绘该创新系统中所有影响因素之间动态、复杂以及非线性的关系，根据历年专利和发表论文数量对该模型的有效性进行了验证。最终，通过模型仿真方法找到对中国太阳能光伏绿色创新影响较为显著的三个因素，即技术溢出、合作创新关系和政府创新补贴。

3. 政府创新补贴与技术创新能力协同作用对合作创新演化的影响研究

首先，对技术溢出效应进行深入剖析后，提出改进的技术溢出效应函数，并发现技术溢出的动力主要来自企业技术创新能力势差，因而将对技术溢出效应的研究转为对企业技术创新能力的研究。

其次，将企业创新关系细化为"合作""竞争"和"中立"三种基本情况，并利用演化博弈理论对技术创新能力和政府创新补贴对三种创新关系演化的影响进行了理论分析，并利用 Matlab 仿真方法对单个因素的敏感性进行分析。

最后，为分析两因素同时变化对企业创新关系演化的影响，提出了系统演化斜率算法并进行了仿真分析。

研究结果表明：政府创新补贴与企业技术创新能力两种因素具有协同互补性，当企业技术创新能力存在势差时，只要能够制定合理的政府创新补贴政策，便能够维持企业间的合作创新关系。

4. 企业技术相似性以及创新关系辨识研究

企业技术创新相似性是衡量企业创新关系的主要指标，本书结合加权二分图投影算法和 Pearson 相关系数法构建了企业技术相似性算法，并利用 2000~2016 年期间中国太阳能光伏产业发明专利，计算专利权人（包括企业、高校及科研院所）之间的技术创新相似性。

通过技术相似性表现进行统计分析得到以下结论：在非合作关系的专利权人之间，其技术相似性越高，则其创新趋同性越高，竞争概率越大；企业在选择合作伙伴时，更倾向于那些与自身技术相似性较低的专利权人。

5. 政府创新补贴、企业技术创新能力与企业创新关系实证研究

基于企业技术相似性系数特点，把企业创新合作关系规模和合作关系力度作为衡量企业合作关系紧密程度的指标，而将非合作关系的技术创新相似性程度作为考察企业中立关系和竞争激烈程度的重要指标。然后构建了 2003~2016 年间太阳能光伏企业绿色创新非平衡面板数据，利用 Eviews 软件对假设进行了检验。

研究结果表明，政府创新补贴增加与企业合作紧密程度之间存在倒 "U" 型关系，而与非合作关系的技术创新相似性之间存在 "U" 型关系。另外，技术创新能力势差对两种关系均具有显著的调节作用。基于此，结合中国太阳能光伏产业绿色创新过程中存在的问题，提出有建设性的政策建议。

主要创新点包括：

1. 拓展了绿色创新研究视角

本书不仅以太阳能光伏产业为例对企业绿色创新进行了研究，更指出了在假设其他因素不变的情况下对绿色创新单影响因素进行分析，会带来研究结论无法对现实问题作出解释等不足。因此本书提出的系统稳定性斜率算法，并对各影响因素协同作用时的系统稳定性进行了仿真分析，从而获得了仅仅用单因素分析时难以得到的结论。

2. 界定了太阳能光伏绿色创新研究的概念、模式与架构

长期以来，"太阳能光伏作为清洁能源，其技术创新即为绿色创新"的观点被普遍认可。但事实上，清洁能源的生产过程却并不一定清洁。一味强调绿色产品创新，而忽略了绿色过程创新，同样可使得太阳能光伏产业对环境造成严重污染。为此，本书重新界定了太阳能光伏绿色创新的概念，提出了太阳能光伏产业绿色创新应是兼顾绿色产品创新和绿色过程创新的一类环境友好型创新活动的模式与架构。

3. 研究了企业创新关系中常被忽略但极具研究价值的"中立"关系

迄今为止的多数研究将企业间的绿色创新关系简单地分为"合作"与"竞争"两类，但实际上企业间还存在着一类既不合作也不竞争的关系。本书将这类特殊的关系定义为"中立"关系，并利用专利数据证明了它的存在性，然后更进一步剖析了中立关系对企业合作关系演化的影响。结果显示，中立关系的增加为企业间合作创新提供了更多的机会。这一研究内容是对绿色创新企业关系划分方法及研究成果的有益补充。

4. 提出了一种分析企业技术相似性的算法

由于目前关于企业技术相似性的研究仅关注企业在某技术领域所拥有专利的绝对数量，而未考虑企业技术资源总量以及技术创新重心倾向等问题，故所计算出技术相似性具有一定的偏差。本书针对已有研究的局限性以及为了在兼顾企业资源分配的前提下度量企业技术相似性，利用加权二分图投影算法和 Pearson 相关系数法提出了改进的企业技术相似性算法。算例表明，利用该算法不但可以了解企业技术创新趋同程度，还能够揭示某些企业间的技术互补性关系。

8.2 研 究 展 望

绿色创新过程是一个复杂巨系统，而对其影响因素进行研究是人们深入这一主题、窥视系统全貌的主要方法。本书从微观视角对影响因素之间的协同性进行了理论研究，并利用太阳能光伏产业专利数据以及相应的政府创新补贴数据对该理论研究结果加以实证检验。尽管研究已经取得了一定的进展，但限于时间以及作者的知识结构，尚存在许多需要进一步深化和完善的工作，主要如下：

1. 不同绿色创新创新模式中影响因素协同性研究

尽管本书对太阳能光伏产业绿色创新模式进行了范畴界定，但主要目的是为了将两类绿色创新模式中涵盖的影响因素都纳入研究当中。由于同一影响因素在不同创新模式中可能会表现出不同的效用，因此，未来研究将在此成果基础上对不同模式下的影响因素协同性展开深入研究。

2. 不同行业绿色创新影响因素协同性研究

本书仅对中国太阳能光伏产业中影响因素的协同性进行了实证检验，并提出有针对性的政策建议。在后续研究中，可对其他行业中绿色创新影响因素之间的联系进行探讨，并与现有研究成果进行对比分析，以期能够从中提炼出关于影响因素协同性研究的更具普适性的结论。

3. 基于技术创新相似性系数的"竞合"关系研究

为了能够清晰剖析企业间的合作、中立和竞争关系，本书并未将"竞合"关系纳入本次的研究当中。但"竞合"关系也是企业间创新关系较为常见的一类，因此，在后续研究中，可就如何利用技术创新相似性系数辨识该类关系进行深入研究。

附录　太阳能光伏专利权人名称

序号	名称	序号	名称
1	MEMC 电子材料有限公司	23	夏普株式会社
2	株式会社东芝	24	中国科学院长春光学精密机械与物理研究所
3	清华大学	25	三星电子株式会社
4	索尼株式会社	26	中国科学院上海微系统与信息技术研究所
5	株式会社半导体能源研究所	27	硅电子股份公司
6	精工爱普生株式会社	28	台湾积体电路制造股份有限公司
7	丰田自动车株式会社	29	中国科学院半导体研究所
8	浙江大学	30	重庆大学
9	佳能株式会社	31	华中科技大学
10	三洋电机株式会社	32	松下电器产业株式会社
11	友达光电股份有限公司	33	中国科学院电工研究所
12	LG. 菲利浦 LCD 株式会社	34	皇家飞利浦电子股份有限公司
13	有研半导体材料股份有限公司	35	统宝光电股份有限公司
14	北京有色金属研究总院	36	中山大学
15	三星 SDI 株式会社	37	南开大学
16	信越半导体株式会社	38	日本电气株式会社
17	上海交通大学	39	大连理工大学
18	北京航空航天大学	40	南京航空航天大学
19	中国科学院物理研究所	41	东南大学
20	富士通株式会社	42	三菱电机株式会社
21	旺宏电子股份有限公司	43	常州天合光能有限公司
22	南京大学	44	中国科学院微电子研究所

序号	名称	序号	名称
45	国际商业机器公司	72	信越化学工业株式会社
46	深圳市创益科技发展有限公司	73	应用材料股份有限公司
47	信越石英株式会社	74	中国科学技术大学
48	无锡尚德太阳能电力有限公司	75	中国科学院广州能源研究所
49	BP 北美公司	76	中国科学院上海技术物理研究所
50	北京大学	77	中国农业大学
51	北京行者多媒体科技有限公司	78	中南大学
52	北京科技大学	79	中芯国际集成电路制造（上海）有限公司
53	福建钧石能源有限公司	80	无锡同春新能源科技有限公司
54	复旦大学	81	英利能源（中国）有限公司
55	广东志成冠军集团有限公司	82	E. I. 内穆尔杜邦公司
56	哈尔滨工业大学	83	日本超精石英株式会社
57	华南理工大学	84	牡丹江旭阳太阳能科技有限公司
58	南京冠亚电源设备有限公司	85	西安近代化学研究所
59	南京邮电大学	86	成都聚合科技有限公司
60	莆田市威特电子有限公司	87	安阳市凤凰光伏科技有限公司
61	群创光电股份有限公司	88	江苏顺大半导体发展有限公司
62	群康科技（深圳）有限公司	89	成都泰轶斯太阳能科技有限公司
63	上海大学	90	保定天威集团有限公司
64	深圳市拓日新能源科技股份有限公司	91	浙江昱能光伏科技集成有限公司
65	胜高股份有限公司	92	东旭集团有限公司
66	苏州阿特斯阳光电力科技有限公司	93	比亚迪股份有限公司
67	天津大学	94	吉富新能源科技（上海）有限公司
68	天津理工大学	95	京东方科技集团股份有限公司
69	通用电气公司	96	东北大学
70	武汉理工大学	97	江苏协鑫硅材料科技发展有限公司
71	西安理工大学	98	阿特斯（中国）投资有限公司

序号	名称	序号	名称
99	天津市津能电池科技有限公司	126	镇江环太硅科技有限公司
100	东方电气集团（宜兴）迈吉太阳能科技有限公司	127	保定天威英利新能源有限公司
101	信越半导体股份有限公司	128	海南天聚太阳能有限公司
102	常熟市冠日新材料有限公司	129	人和光伏科技有限公司
103	吉林庆达新能源电力股份有限公司	130	陕西科技大学
104	西安孔明电子科技有限公司	131	思阳公司
105	北京交通大学	132	西安交通大学
106	无锡隆基硅材料有限公司	133	英利集团有限公司
107	江苏庆丰能源有限公司	134	国网电力科学研究院
108	江阴盛通光伏科技有限公司	135	宁夏日晶新能源装备股份有限公司
109	西安隆基硅材料股份有限公司	136	上海电力学院
110	银川隆基硅材料有限公司	137	华为技术有限公司
111	宁夏隆基硅材料有限公司	138	江苏大学
112	合肥景坤新能源有限公司	139	江苏聚硅业有限公司
113	上海理工大学	140	蚌埠玻璃工业设计研究院
114	华北电力大学	141	新奥科技发展有限公司
115	天津中环领先材料技术有限公司	142	原子能与替代能源委员会
116	三星移动显示器株式会社	143	镇江大成新能源有限公司
117	河海大学	144	中国建材国际工程集团有限公司
118	华北电力大学（保定）	145	珠海兴业新能源科技有限公司
119	北京京东方光电科技有限公司	146	合肥工业大学
120	西安华晶电子技术股份有限公司	147	上海超日太阳能科技股份有限公司
121	广东易事特电源股份有限公司	148	上海神舟新能源发展有限公司
122	中国电力科学研究院	149	沈阳工业大学
123	湖南大学	150	第一太阳能有限公司
124	浙江碧晶科技有限公司	151	杜邦太阳能有限公司
125	浙江工业大学	152	江西赛维 LDK 太阳能高科技有限公司

序号	名称	序号	名称
153	北京京运通科技股份有限公司	179	奥特斯维能源（太仓）有限公司
154	中国科学院苏州纳米技术与纳米仿生研究所	180	杭州赛昂电力有限公司
155	浙江慈能光伏科技有限公司	181	苏州大学
156	普乐新能源（蚌埠）有限公司	182	中电普瑞科技有限公司
157	北京工业大学	183	广西大学
158	上海康威特吉能源技术有限公司	184	昆山恒辉新能源有限公司
159	上海空间电源研究所	185	浙江正泰太阳能科技有限公司
160	上海太阳能电池研究与发展中心	186	中国科学院宁波材料技术与工程研究所
161	上海岩芯电子科技有限公司	187	湖南红太阳光电科技有限公司
162	深圳市华星光电技术有限公司	188	珠海格力电器股份有限公司
163	北京环能海臣科技有限公司	189	威海中玻光电有限公司
164	电子科技大学	190	中山铨欣照明电器有限公司
165	特变电工西安电气科技有限公司	191	北京京东方能源科技有限公司
166	特变电工新疆新能源股份有限公司	192	中国矿业大学
167	天津市环欧半导体材料技术有限公司	193	黑龙江省电力科学研究院
168	同济大学	194	新奥光伏能源有限公司
169	LG 电子株式会社	195	许继电气股份有限公司
170	山亿新能源股份有限公司	196	南车株洲电力机车研究所有限公司
171	沈阳工程学院	197	江苏艾德太阳能科技有限公司
172	浙江长兴众成电子有限公司	198	艾思玛太阳能技术股份公司
173	南通大学	199	韩国铁钢株式会社
174	云南师范大学	200	宁晋晶兴电子材料有限公司
175	常州大学	201	山东大学
176	杭州天裕光能科技有限公司	202	上海师范大学
177	株式会社钟化	203	常州时创能源科技有限公司
178	河南阿格斯新能源有限公司	204	江西旭阳雷迪高科技股份有限公司

续表

序号	名称	序号	名称
205	常熟理工学院	232	厦门大学
206	浙江晶盛机电股份有限公司	233	乐金显示有限公司
207	泉州市博泰半导体科技有限公司	234	国家电网公司
208	武汉大学	235	江苏省电力公司
209	SMA太阳能技术股份公司	236	烟台斯坦普精工建设有限公司
210	金坛正信光伏电子有限公司	237	安徽大晟新能源设备科技有限公司
211	南京理工大学	238	江苏爱多光伏科技有限公司
212	河海大学常州校区	239	许继集团有限公司
213	成都旭双太阳能科技有限公司	240	国电光伏有限公司
214	宁波尤利卡太阳能科技发展有限公司	241	国网上海市电力公司
215	西安电子科技大学	242	西安许继电力电子技术有限公司
216	燕山大学	243	江苏省电力公司电力科学研究院
217	国电南瑞科技股份有限公司	244	江苏武进汉能光伏有限公司
218	合肥中南光电有限公司	245	河北宁通电子材料有限公司
219	天津工业大学	246	陕西师范大学
220	西安大昱光电科技有限公司	247	甘肃省电力公司风电技术中心
221	江苏益华光伏工程技术研究中心有限公司	248	南京南瑞集团公司
222	东北电力大学	249	北京京东方显示技术有限公司
223	南昌大学	250	许昌学院
224	南方电网科学研究院有限责任公司	251	国网青海省电力公司电力科学研究院
225	阳光电源股份有限公司	252	国网智能电网研究院
226	上海杰姆斯电子材料有限公司	253	浙江长兴汉能光伏有限公司
227	安徽工业大学	254	江西豪安能源科技有限公司
228	横店集团东磁股份有限公司	255	南京南瑞太阳能科技有限公司
229	苏州市职业大学	256	江苏天宇光伏科技有限公司
230	邢台晶龙电子材料有限公司	257	福建铂阳精工设备有限公司
231	上海电机学院	258	华北电力科学研究院有限责任公司

续表

序号	名称	序号	名称
259	江苏省电力公司常州供电公司	276	国网甘肃省电力公司
260	中国电子科技集团公司第四十八研究所	277	芜湖格利特新能源科技有限公司
261	江苏顺风光电科技有限公司	278	麦斯克电子材料有限公司
262	三峡大学	279	陕西银河网电科技有限公司
263	国网青海省电力公司	280	国网河北省电力公司
264	长沙理工大学	281	湖北竑光新能源科技有限公司
265	国网天津市电力公司	282	江苏德尔森传感器科技有限公司
266	中电投西安太阳能电力有限公司	283	许昌许继软件技术有限公司
267	西安电子科技大学	284	国网浙江省电力公司电力科学研究院
268	欧贝黎新能源科技股份有限公司	285	国网甘肃省电力公司电力科学研究院
269	哈尔滨工程大学	286	协鑫集成科技（苏州）有限公司
270	上海超硅半导体有限公司	287	协鑫集成科技股份有限公司
271	成都特普瑞斯节能环保科技有限公司	288	苏州协鑫集成科技工业应用研究院有限公司
272	武汉华星光电技术有限公司	289	扬州大学
273	昆山诃德新能源科技有限公司	290	西安博昱新能源有限公司
274	成都鼎智汇科技有限公司	291	湖南大学
275	西安银河网电智能电气有限公司	292	北京理工大学

参 考 文 献

［1］曲婉，冯海红，李铭禄．中国企业发展的范式转换——基于中国高新技术企业的事实证据［J］．科学学与科学技术管理，2016，37（12）：3－17.

［2］向刚，汪应洛．企业持续创新能力：要素构成与评价模型［J］．中国管理科学，2004，12（6）：137－142.

［3］戴鸿轶，柳卸林．对环境创新研究的一些评论［J］．科学学研究，2009，27（11）：1601－1610.

［4］中国环境与发展国际合作委员会．机制创新与和谐发展：中国环境与发展国际合作委员会年度政策报告.2008［M］.中国环境科学出版社，2009.

［5］陈华斌．试论绿色创新及其激励机制［J］．软科学，1999（3）：43－44.

［6］李海萍，向刚，高忠仕，等．中国制造业绿色创新的环境效益向企业经济效益转换的制度条件初探［J］．科研管理，2005，26（2）：46－49.

［7］刘焰．中国西部生态旅游产品绿色创新的理论范式与路径选择模式［J］．管理评论，2003，15（6）：45－50.

［8］李广培，苏媛.2011－2015年国内绿色创新领域研究进展回顾＊——基于CSSCI的文献分析［J］．物流工程与管理，2016，38（12）：143－146.

［9］张钢，张小军．国外绿色创新研究脉络梳理与展望［J］．外国

经济与管理，2011（8）：25 - 32.

[10] 何宁，武忠，王苗苗.基于随机森林的光伏企业技术创新动力模型研究 [J].科技管理研究，2014，11（19）：31 - 32.

[11] 胡忠良，赵勇，张建伦.政府补贴对企业研发投资引导的有效性分析 [J].调研世界，2017（5）：38 - 42.

[12] 高楠.政府补贴对企业成长性的影响——以光伏企业为例 [J].生产力研究，2017（3）：61 - 63.

[13] 周旭.政府补贴对企业研发投资的影响研究 [D].大连理工大学，2013.

[14] 郁建兴，王茵.光伏产业财政补贴政策的作用机制——基于两家光伏企业的案例研究 [J].经济社会体制比较，2017（4）：127 - 138.

[15] 黄蕾，张鹿，熊艳.基于专利有效性的光伏产业创新差异研究 [J].情报杂志，2013（2）：67 - 71.

[16] 王飞.经济发达地区光伏产业创新发展路径探析——以江苏省为例 [J].生态经济（中文版），2010（12）：100 - 103.

[17] 罗思平，于永达.技术转移、"海归"与企业技术创新——基于中国光伏产业的实证研究 [J].管理世界，2012（11）：124 - 132.

[18] 柳卸林，孙海鹰，马雪梅.基于创新生态观的科技管理模式 [J].科学学与科学技术管理，2015（1）：18 - 27.

[19] 陈力田，朱亚丽，郭磊.多重制度压力下企业绿色创新响应行为动因研究 [J].管理学报，2018（5）.

[20] 雷雨嫣，陈关聚，刘启雷.高技术产业创新生态系统的创新生态位适宜度及演化 [J].系统工程，2018，38（12）：49 - 57.

[21] 欧忠辉，朱祖平，夏敏，等.创新生态系统共生演化模型及仿真研究 [J].科研管理，2017，V38（12）：49 - 57.

[22] 李恒毅，宋娟.新技术创新生态系统资源整合及其演化关系的案例研究 [J].中国软科学，2014（6）：129 - 141.

［23］包宇航，于丽英．创新生态系统视角下企业创新能力的提升研究［J］．科技管理研究，2017，37（6）：1-6.

［24］王宏起，汪英华，武建龙，等．新能源汽车创新生态系统演进机理——基于比亚迪新能源汽车的案例研究［J］．中国软科学，2016（4）：81-94.

［25］李妍，丁莹莹．创新生态系统下知识管理对企业创新绩效的影响及启示［J］．天津大学学报（社会科学版），2018（1）：26-30.

［26］刘怡君．社会舆情的网络分析方法与建模仿真［M］．科学出版社，2016.

［27］张军，许庆瑞．企业知识积累与创新能力演化间动态关系研究——基于系统动力学仿真方法［J］．科学学与科学技术管理，2015（1）：128-138.

［28］严广乐．系统动力学：政策实验室［M］．知识出版社，1991.

［29］黄兰，鲁珍珍，尹倩华，等．图论及其算法在数学建模中的应用［J］．数学学习与研究，2016（5）：106-107.

［30］朱正祥，顾基发．一种改进的二分图投影算法及其在专家意见综合中的应用［J］．管理评论，2013，25（11）．

［31］刘晓光，谢晓尧．一种结合遗忘机制与加权二部图的推荐算法［J］．河南科技大学学报：自然科学版，2015，36（3）：48-53.

［32］张新猛，蒋盛益．基于加权二部图的个性化推荐算法［J］．计算机应用，2012，32（3）：654-657.

［33］郭淼霞，陈伟，李智腾，等．加权二部图推荐算法的 MapReduce 并行化实现［J］．泉州师范学院学报，2015（2）：110-114.

［34］王正刚，向刚，屈晓娟，等．基于产品生命周期的绿色创新模式探讨［J］．全国商情·经济理论研究，2008（14）：23-25.

［35］杨发明，吕燕．绿色技术创新的组合激励研究［J］．科研管理，1998（1）：40-44.

［36］史琼辉．企业绿色持续创新效益分析［D］．昆明理工大学，

2006.

[37] 朱雪春，陈万明．绿色产品创新对组织绩效和组织竞争力的影响——管理者对环境关注的调节作用 [J]．软科学，2014，28（4）：53－56.

[38] 袁见．中国太阳能光伏产业政策效应研究 [D]．辽宁大学，2013.

[39] 李婉红，毕克新，曹霞．环境规制工具对制造企业绿色技术创新的影响——以造纸及纸制品企业为例 [J]．系统工程，2013（10）.

[40] 马媛，侯贵生，尹华．企业绿色创新驱动因素研究——基于资源型企业的实证 [J]．科学学与科学技术管理，2016，37（4）：98－105.

[41] 冯楚建，陈宏波．能源安全视域下的光伏清洁利用：国际动态与中国出路 [J]．科技管理研究，2017，37（9）：52－58.

[42] 孙源．共生视角下产业创新生态系统研究 [J]．河南师范大学学报（哲学社会科学版），2017（1）：127－134.

[43] 杨燕，邵云飞．生态创新研究进展及展望 [J]．科学学与科学技术管理，2011，32（8）：107－116.

[44] 何园，张峥．基于战略地图与系统动力学的技术创新能力模拟 [J]．系统管理学报，2016（1）：185－191.

[45] 李煜华，荣爽，胡兴宾．基于系统动力学的汽车产业技术创新能力影响因素研究 [J]．工业技术经济，2017，36（2）：50－56.

[46] 李海萍，向刚，高忠仕，等．中国制造业绿色创新的环境效益向企业经济效益转换的制度条件初探 [J]．科研管理，2005，26（2）：46－49.

[47] 宋琦，韩伯棠，王宗赐．基于知识溢出熵的创新集群生命周期演化研究 [J]．科学学与科学技术管理，2010，31（3）：68－71.

[48] 段楠楠，徐福缘，倪明，等．专利布局相关性及专利权人关系辨识研究——以云计算行业为例 [J]．情报杂志，2016，35（4）：80－86.

[49] 朱云平. 产业集群内企业科技创新的合作博弈分析 [J]. 科技和产业, 2014, 14 (2): 45-48.

[50] 洪勇, 李英敏. 基于专利耦合的企业间技术相似性可视化研究 [J]. 科学学研究, 2013, 31 (7): 1013-1021.

[51] 周磊, 张玉峰, 吴金红. 专利视角下企业合作竞争中三种接近性的作用 [J]. 情报学报, 2013, 32 (7): 676-685.

[52] 刘高勇, 吴金红, 汪会玲. 基于专利技术关联的产业竞争格局解析方法研究 [J]. 情报杂志, 2014 (8): 48-51.

[53] 陈琼娣. 基于词频分析的清洁技术专利检索策略研究 [J]. 情报杂志, 2013, 32 (6): 47-52.

[54] 吕东东, 郭本海, 陈玮, 等. 基于多方合作博弈的我国光伏产业政策优化路径研究 [J]. 科技管理研究, 2017, 37 (3): 56-62.

[55] 贺正楚, 周永生, 吴艳. 双重失灵的光伏产业及其调控措施 [J]. 系统工程, 2013 (12): 116-120.

[56] 蒋振威, 盖文启, 等. 技术创新、产业创新系统与价值创造——基于中国光伏产业视角 [J]. 中南大学学报 (社会科学版), 2017 (2): 111-119.

[57] 许庆瑞. 企业经营管理基本规律与模式 [M]. 浙江大学出版社, 2001.

[58] 蔡宁, 吴结兵. 产业集群的网络式创新能力及其集体学习机制 [J]. 科研管理, 2005, 26 (4): 22-28.

[59] 罗炜, 唐元虎. 企业能力差异与合作创新动机 [J]. 预测, 2001, 20 (3): 20-23.

[60] 蒋军锋, 盛昭瀚, 王修来. 基于能力不对称的企业技术创新合作模型 [J]. 系统工程学报, 2009, 24 (3): 335-342.

[61] 何亚蓉. 互补性资源对合作创新绩效的影响机制研究 [D]. 天津理工大学, 2016.

[62] 柯忠义, 潘庆年, 彭刚. 企业 R&D 能力互补下的政府补贴与

合作创新模式［J］.数学的实践与认识，2014，44（7）：1-7.

［63］牛晓姝，董继文.企业不同合作状态下的政府技术补贴效果［J］.系统管理学报，2008，17（5）：520-524.

［64］杨嘉歆.基于专利信息视角的陕西省战略性新兴产业技术创新能力研究［J］.经济研究导刊，2017（20）：43-48.

［65］曹霞，宋琪.产学合作网络中企业关系势能与自主创新绩效——基于地理边界拓展的调节作用［J］.科学学研究，2016，34（7）：1065-1075.

［66］Schiederig T，Tietze F，Herstatt C. Green innovation in technology and innovation management-an exploratory literature review［J］. R & D Management，2012，42（2）：180-192.

［67］Brundtland G H. Report of the World Commission on Environment and Development［J］. Environmental Policy & Law，1987，14（1）：26-30.

［68］Dyllick T，Kai H. Beyond the business case for corporate sustainability［J］. Business Strategy & the Environment，2010，11（2）：130-141.

［69］James P. The sustainability circle：A new tool for product development and design［J］. Journal of Sustainable Product Design，1997，2：52-57.

［70］Kemp R，Parto S，Gibson R B. Governance for sustainable development：moving from theory to practice［J］. International Journal of Sustainable Development，2005，8（1-2）：12-30.

［71］OECD. Framing Eco-innovation［J］. Eco-Innovation in Industry，2010：21-57.

［72］González-Moreno Á，Sáez-Martínez F J，Díaz-García C. Drivers of eco-innovation in chemical industry［J］. Environmental Engineering & Management Journal，2013，12（10）：2001-2008.

［73］ Fussler C, James P. Driving eco-innovation: A breakthrough discipline for innovation and sustainability ［J］. Pitman Pub, 1996.

［74］ Hemmelskamp J. Environmental Taxes and Standards: An Empirical Analysis of the Impact on Innovation ［M］. Physica – Verlag HD, 2000.

［75］ Rennings K. Redefining innovation—eco-innovation research and the contribution from ecological economics ［J］. Ecological Economics, 2000, 32 (2): 319 – 332.

［76］ Charter M, Clark T. Sustainable Innovation Key conclusions from Sustainable Innovation Conferences 2003 – 2006 organised by The Centre for Sustainable Design ［J］. Ts Manufactures, 2007.

［77］ Kemp R, Pearson P. Final report MEI project about measuring eco-innovation ［J］. 2007.

［78］ Reid A, Miedzinski M. Eco – Innovation. Final Report for Sectoral Innovation Watch ［J］. 2008.

［79］ Foxon T, Andersen M M. The Greening of Innovation Systems for Eco-innovation – Towards an Evolutionary Climate Mitigation Policy, 2009 ［C］.

［80］ Carrillo – Hermosilla J, Río P D, Könnölä T. Diversity of eco-innovations: Reflections from selected case studies ［J］. Social Science Electronic Publishing, 2010, 18 (10 – 11): 1073 – 1083.

［81］ Oltra V, Jean M S. Sectoral systems of environmental innovation: An application to the French automotive industry ［J］. Technological Forecasting & Social Change, 2009, 76 (4): 567 – 583.

［82］ Carrillo – Hermosilla J, Río González P D, Könnöla T. Eco-innovation: when sustainability and competitiveness shake hands ［M］. Palgrave Macmillan, 2009.

［83］ Bernauer T, Engel S, Kammerer D, et al. Explaining Green Innovation: Ten Years after Porter's Win – Win Proposition: How to Study the Effects of Regulation on Corporate Environmental Innovation? ［J］. Politische

Vierteljahresschrift, 2006.

[84] Díazgarcía C, González Moreno Á, Sáezmartínez F J. Eco-innovation: insights from a literature review [J]. Innovation, 2015, 17 (1): 6-23.

[85] Jakobsen S, Clausen T H. Innovating for a greener future: the direct and indirect effects of firms' environmental objectives on the innovation process [J]. Journal of Cleaner Production, 2016, 128: 131-141.

[86] Wu C C. Constructing a weighted keyword-based patent network approach to identify technological trends and evolution in a field of green energy: a case of biofuels [J]. Quality & Quantity, 2016, 50 (1): 213-235.

[87] Sang B K, Létourneau P. Investors' Reaction to the Government Credibility Problem: A Real Option Analysis of Emission Permit Policy Risk [J]. Energy Economics, 2015, 54 (6): 96-107.

[88] Aggarwal R, Dow S. Corporate Governance and Business Strategies for Climate Change and Environmental Mitigation [M]. Springer Netherlands, 2013.

[89] Nurunnabi M. Who cares about climate change reporting in developing countries? The market response to, and corporate accountability for, climate change in Bangladesh [J]. Environment Development & Sustainability, 2016, 18 (1): 157-186.

[90] Doran J, Ryan G. Regulation and firm perception, eco-innovation and firm performance [J]. European Journal of Innovation Management, 2012, 15 (4): 421-441.

[91] Veugelers R. Which policy instruments to induce clean innovating? [J]. Research Policy, 2012, 41 (10): 1770-1778.

[92] Williamson D, Lynch-Wood G. Ecological modernisation and the regulation of firms [J]. Environmental Politics, 2012, 21 (6): 941-959.

[93] Brouillat E, Oltra V. Extended producer responsibility instruments and innovation in eco-design: An exploration through a simulation model [J].

Ecological Economics, 2012, 83 (83): 236 – 245.

[94] Hurley J, Buckley N J, Cuff K, et al. Determinants of Eco-innovations by Type of Environmental Impact: The Role of Regulatory Push/Pull, Technology Push and Market Pull [J]. Zew Discussion Papers, 2012, 78 (32): 112 – 122.

[95] Jimenez J M, Vargas M V, Oña M D V S, et al. Categorizing Variables Affecting the Proactive Environmental Orientation of Firms [J]. Acta Endocrinologica, 2013, 55 (3): 378 – 388.

[96] Klewitz J, Zeyen A, Hansen E G. Intermediaries driving eco-innovation in SMEs: a qualitative investigation [J]. Social Science Electronic Publishing, 2012, 15 (4): 442 – 467.

[97] Ociepakubicka A, Pachura P. Eco-innovations in the functioning of companies [J]. Environmental Research, 2017, 156: 284 – 290.

[98] Horbach J. Do eco-innovations need specific regional characteristics? An econometric analysis for Germany [J]. Review of Regional Research, 2014, 34 (1): 23 – 38.

[99] Mazzanti M, Zoboli R. Embedding environmental innovation in local production systems: SME strategies, networking and industrial relations: evidence on innovation drivers in industrial districts [J]. International Review of Applied Economics, 2009, 23 (2): 169 – 195.

[100] Shapiro C. Competition and Innovation: Did Arrow Hit the Bull's Eye? [M]. National Bureau of Economic Research, Inc, 2011.

[101] Chen J, Cheng J, Dai S. Regional eco-innovation in China: An analysis of eco-innovation levels and influencing factors [J]. Journal of Cleaner Production, 2017, 153: 1 – 14.

[102] Horbach J. Determinants of environmental innovation—New evidence from German panel data sources [J]. Research Policy, 2008, 37 (1): 163 – 173.

[103] PIPPEL G. R&D COLLABORATION FOR ENVIRONMENTAL INNOVATION [J]. International Journal of Innovation Management, 2015, 19 (1): 1550004.

[104] Marchi V D. Environmental innovation and R&D cooperation: Empirical evidence from Spanish manufacturing firms [J]. Research Policy, 2012, 41 (3): 614–623.

[105] Cainelli G, Mazzanti M, Montresor S. Environmental Innovations, Local Networks and Internationalization [J]. Industry & Innovation, 2012, 19 (8): 697–734.

[106] Triguero A, Moreno–Mondéjar L, Davia M A. Leaders and Laggards in Environmental Innovation: An Empirical Analysis of SMEs in Europe [J]. Business Strategy and the Environment, 2016, 25 (1): 28–39.

[107] Horbach J, Oltra V, Belin J. Determinants and Specificities of Eco–Innovations Compared to Other Innovations—An Econometric Analysis for the French and German Industry Based on the Community Innovation Survey [J]. Industry & Innovation, 2012, 33 (6): 81–83.

[108] Halila F, Rundquist J. The development and market success of eco-innovations: A comparative study of eco-innovations and "other" innovations in Sweden [J]. European Journal of Innovation Management, 2011, 14 (14): 278–302.

[109] Czarnitzki D, Hottenrott H. R&D investment and financing constraints of small and medium-sized firms [J]. Small Business Economics, 2011, 36 (1): 65–83.

[110] Casillas J C. High-growth SMEs versus non-high-growth SMEs: a discriminant analysis [J]. Entrepreneurship & Regional Development, 2007, 19 (1): 69–88.

[111] Klewitz J, Hansen E G. Sustainability-oriented innovation of SMEs: a systematic review [J]. Social Science Electronic Publishing, 2014, 65 (4):

57 – 75.

　[112] Roome N. Looking Back, Thinking Forward: Distinguishing Between Weak and Strong Sustainability [J]. 2012.

　[113] Cainelli G, Marchi V D, Grandinetti R. Does the development of environmental innovation require different resources? Evidence from Spanish manufacturing firms [J]. Journal of Cleaner Production, 2015 (94): 211 – 220.

　[114] Geels F W. From sectoral systems of innovation to socio-technical systems: Insights about dynamics and change from sociology and institutional theory [J]. Research Policy, 2004, 33 (6 – 7): 897 – 920.

　[115] Franco C, Montresor S, Vittucci Marzetti G. On Indirect Trade – Related R&D Spillovers: The Role of the International Trade Network [J]. Social Science Electronic Publishing, 2009, 32 (4): 309 – 316.

　[116] Wong S K S. The influence of green product competitiveness on the success of green product innovation [J]. European Journal of Innovation Management, 2013, 15 (4): 468 – 490.

　[117] Peiro – Signes A, Segarra – Ona M D V, Miret – Pastor L, et al. Eco-innovation attitude and industry's technological level-an important key for promoting efficient vertical policies [J]. Environmental Engineering & Management Journal, 2011, 10 (12): 1893 – 1901.

　[118] Cole M A, Elliott R J R, Strobl E. The environmental performance of firms: The role of foreign ownership, training, and experience [J]. Ecological Economics, 2007, 65 (3): 538 – 546.

　[119] Decanio S J. Investment in Energy Efficiency: Do the Characteristics of Firms Matter? [J]. 1998, 80 (1): 95 – 107.

　[120] González – Moreno Á, Sáez – Martínez F J, Díaz – García C. Drivers of eco-innovation in chemical industry [J]. Environmental Engineering & Management Journal, 2013.

[121] Negny S, Belaud J P, Robles G C, et al. Toward an eco-innovative method based on a better use of resources: application to chemical process preliminary design [J]. Journal of Cleaner Production, 2012, 32 (3): 101 –113.

[122] Sierzchula W, Bakker S, Maat K, et al. Technological diversity of emerging eco-innovations: a case study of the automobile industry [J]. Journal of Cleaner Production, 2012, 37 (4): 211 –220.

[123] Segarra – Oña M V, Peiró – Signes A, Albors – Garrigós J, et al. Impact of Innovative Practices in Environmentally Focused Firms: Moderating Factors [J]. 2011, 5 (2): 425 –434.

[124] Johnson D K N, Lybecker K M. Paying for green: An economics literature review on the constraints to financing environmental innovation [J]. Electronic Green Journal, 2012, 1 (33).

[125] Cuerva M C, Triguero – Cano Á, Córcoles D. Drivers of green and non-green innovation: empirical evidence inLow – Tech SMEs [J]. Journal of Cleaner Production, 2014, 68 (2): 104 –113.

[126] Wu G C. The influence of green supply chain integration and environmental uncertainty on green innovation in Taiwan's IT industry [J]. Supply Chain Management, 2013, 18 (5): 539 –552.

[127] Grunwald A. On the Roles of Individuals as Social Drivers for Eco-innovation [J]. Journal of Industrial Ecology, 2011, 15 (5): 675 –677.

[128] Wagner M, Llerena P. Eco – Innovation Through Integration, Regulation and Cooperation: Comparative Insights from Case Studies in Three Manufacturing Sectors [J]. Industry & Innovation, 2011, 18 (8): 747 – 764.

[129] Tsai M T, Chuang L M, Chao S T, et al. The effects assessment of firm environmental strategy and customer environmental conscious on green product development [J]. Environmental Monitoring & Assessment, 2011, 184 (184): 4435 –4447.

［130］Qi G, Zeng S, Chiming T, et al. Stakeholders' Influences on Corporate Green Innovation Strategy：A Case Study of Manufacturing Firms in China ［J］. Corporate Social Responsibility & Environmental Management, 2013, 20 (1)：1 – 14.

［131］Kiefer C P, Carrillo – Hermosilla J, Río P D. Diversity of eco-innovations：a quantitative approach ［J］. Journal of Cleaner Production, 2017, 166：1494 – 1506.

［132］Kesidou E, Demirel P. On the drivers of eco-innovations：Empirical evidence from the UK ［J］. Research Policy, 2012, 41 (5)：862 – 870.

［133］Jimenez J M, Vargas M V, Oña M D V S, et al. Categorizing Variables Affecting the Proactive Environmental Orientation of Firms ［J］. Acta Endocrinologica, 2013, 55 (3)：378 – 388.

［134］Doran J, Ryan G. The Importance of the Diverse Drivers and Types of Environmental Innovation for Firm Performance ［J］. Business Strategy & the Environment, 2014, 25 (2)：665 – 667.

［135］Cainelli G, Mazzanti M, Zoboli R. Environmental innovations, complementarity and local/global cooperation：evidence from North – East Italian industry ［J］. International Journal of Technology Policy & Management, 2011, 11 (3/4)：328 – 368.

［136］Tsai K H, Liao Y C. Sustainability Strategy and Eco – Innovation：A Moderation Model ［J］. Business Strategy & the Environment, 2017, 26 (4)：426 – 437.

［137］Mansfield E, Switzer L. How Effective Are Canada's Direct Tax Incentives for R and D? ［J］. Canadian Public Policy, 1985, 11 (2)：241 – 246.

［138］Holgersson M, Granstrand O, Bogers M. The evolution of intellectual property strategy in innovation ecosystems：Uncovering complementary and substitute appropriability regimes ［J］. Long Range Planning, 2017, 51

（2）：303 –319.

［139］ Moore J F. Predators and prey: a new ecology of competition ［J］. Harvard Business Review, 1993, 71 （3）: 75.

［140］ Russell M G, Smorodinskaya N V. Leveraging complexity for eco-systemic innovation ［J］. Technological Forecasting & Social Change, 2018, 1 –18.

［141］ Clarysse B, Wright M, Bruneel J, et al. Creating value in ecosys-tems: Crossing the chasm between knowledge and business ecosystems ［J］. Re-search Policy, 2014, 43 （7）: 1164 –1176.

［142］ Barclay V C, Smieszek T, He J, et al. Positive Network Assor-tativity of Influenza Vaccination at a High School: Implications for Outbreak Risk and Herd Immunity ［J］. Plos One, 2014, 9 （2）: e87042.

［143］ Oh D, Phillips F, Park S, et al. Innovation ecosystems: A criti-cal examination ［J］. Technovation, 2016, 54: 1 –6.

［144］ Xu G, Wu Y, Minshall T, et al. Exploring innovation ecosys-tems across science, technology, and business: A case of 3D printing in Chi-na ［J］. Technological Forecasting & Social Change, 2017.

［145］ Holgersson M, Granstrand O, Bogers M. The evolution of intel-lectual property strategy in innovation ecosystems: Uncovering complementary and substitute appropriability regimes ［J］. Long Range Planning, 2017, 51 （2）: 303 –319.

［146］ Walrave B, Talmar M, Podoynitsyna K S, et al. A multi-level perspective on innovation ecosystems for path-breaking innovation ［J］. Tech-nological Forecasting & Social Change, 2017: 1 –11.

［147］ Luo J. Architecture and evolvability of innovation ecosystems ［J］. Technological Forecasting & Social Change, 2017: 1 –13.

［148］ Nishino N, Okazaki M, Akai K. Effects of ability difference and strategy imitation on cooperation network formation: A study with game theoretic modeling and multi-agent simulation [J]. Technological Forecasting & Social Change, 2017 (6): 1 – 12.

[149] T C Y, K R, L X. Evolution of Collaborative Innovation Network in China's Wind Turbine Manufacturing Industry [J]. International Journal of Technology Management, 2014: 262 – 299.

[150] Adner R, Kapoor R. Value Creation in Innovation Ecosystems: How the Structure of Technological Interdependence Affects Firm Performance in New Technology Generations [J]. Strategic Management Journal, 2010, 31 (3): 306 – 333.

[151] Jin – Xi W U. From "Transplant with the Soil" Toward the Establishment of the Innovation Ecosystem——An Exploratory Case Study of Nuctech Co [J]. China Soft Science, 2015.

[152] Nagurney A, Dong J. Supernetworks: Decision – Making for the Information Age [M]. E. Elgar, 2002.

[153] Estrada E, Rodríguez – Velázquez J A. Subgraph centrality and clustering in complex hyper-networks [J]. Physica A Statistical Mechanics & Its Applications, 2006, 364 (C): 581 – 594.

[154] Selten R. Evolutionary stability in extensive two-person games ☆ [J]. Discussion Paper Serie A, 1986, 5 (3): 269 – 363.

[155] Garay J, Varga Z. Strict ESS for n-species systems [J]. Bio Systems, 2000, 56 (2): 131 – 137.

[156] Taylor P D, Jonker L B. Evolutionarily Stable Strategies and Game Dynamics [J]. Mathematical Biosciences, 1978, 40 (1 – 2): 145 – 156.

[157] Swinkels J M. Adjustment Dynamics and Rational Play in Games [J]. Games & Economic Behavior, 2010, 5 (3): 455 – 484.

[158] Börgers T, Sarin R. Naive Reinforcement Learning With Endogenous Aspirations [J]. International Economic Review, 2010, 41 (4): 921 – 950.

[159] Nowak M A. Evolutionary dynamics: exploring the equations of life [J]. Best Seller, 2006, 82 (03).

[160] Newman M E. Scientific collaboration networks. I. Network construction and fundamental results [J]. Physical Review E Statistical Nonlinear & Soft Matter Physics, 2001, 64 (2): 16131.

[161] Zhou T, Ren J, Medo M, et al. Bipartite network projection and personal recommendation [J]. Physical Review E Statistical Nonlinear & Soft Matter Physics, 2007, 76 (2): 46115.

[162] Chessa A, Crimaldi I, Riccaboni M, et al. Cluster analysis of weighted bipartite networks: a new copula-based approach [J]. Plos One, 2014, 9 (10): e109507.

[163] Zweig K A, Kaufmann M. A systematic approach to the one-mode projection of bipartite graphs [J]. Social Network Analysis & Mining, 2011, 1 (3): 187 –218.

[164] The innovation high ground: Winning tomorrow's customers using sustainability-driven innovation [J]. Strategic Direction, 2006, volume 22 (1): 35 –37.

[165] Berkel R V. Cleaner Production and Eco Efficiency in Australian small firms [J]. International Journal of Environmental Technology & Management, 2007, 7 (5/6): 672 –693.

[166] David G. Industrial Symbiosis and Eco – Industrial Development: An Introduction [J]. Geography Compass, 2010, 2 (4): 1138 –1154.

[167] Marin G, Lotti F. Productivity effects of eco-innovations using data on eco-patents [J]. Industrial & Corporate Change, 2016, 26 (1): 125 –148.

[168] Kobayashi S. On a Dynamic Model of Cooperative and Noncooperative R and D in Oligopoly with Spillovers [J]. Dynamic Games & Applications, 2015, 5 (4): 599 –619.

[169] Ciancimino E, Cannella S, Bruccoleri M, et al. On the Bull-

whip Avoidance Phase: The Synchronised Supply Chain [J]. European Journal of Operational Research, 2012, 221 (1): 49 –63.

[170] Woo C, Chung Y, Chun D, et al. Impact of Green Innovation on Labor Productivity and its Determinants: an Analysis of the Korean Manufacturing Industry [J]. Business Strategy & the Environment, 2014, 23 (8): 567 –576.

[171] Woerter M. Technology proximity between firms and universities and technology transfer [J]. Journal of Technology Transfer, 2012, 37 (6): 828 –866.

[172] Sampson R C. R&D Alliances and Firm Performance: The Impact of Technological Diversity and Alliance Organization on Innovation [J]. Academy of Management Journal, 2007, 50 (2): 364 –386.

[173] Alstott J, Triulzi G, Yan B, et al. Mapping Technology Space by Normalizing Technology Relatedness Networks [J]. Computer Science, 2015, 110 (1): 443 –479.

[174] Benner M, Waldfogel J. Close to you? Bias and precision in patent-based measures of technological proximity [J]. Research Policy, 2008, 37 (9): 1556 –1567.

[175] Ahuja G, Katila R. Technological acquisitions and the innovation performance of acquiring firms: a longitudinal study [J]. Strategic Management Journal, 2001, 22 (3): 197 –220.

[176] Angue K, Ayerbe C, Mitkova L. A method using two dimensions of the patent classification for measuring the technological proximity: an application in identifying a potential R&D partner in biotechnology [J]. Journal of Technology Transfer, 2014, 39 (5): 716 –747.

[177] Egbetokun A, Savin I. Absorptive capacity and innovation: when is it better to cooperate? [J]. Journal of Evolutionary Economics, 2014, 24 (2): 399 –420.

［178］ Chang S B. Using patent analysis to establish technological posi-
tion: Two different strategic approaches ［J］. Technological Forecasting & So-
cial Change, 2012, 79 (1): 3 – 15.

［179］ Wang X, Zhang X, Xu S. Patent co-citation networks of Fortune
500 companies ［J］. Scientometrics, 2011, 88 (3): 761 – 770.

［180］ Yoon J, Kim K. An analysis of property-function based patent
networks for strategic R&D planning in fast-moving industries: The case of sili-
con-based thin film solar cells ［J］. Expert Systems with Applications, 2012,
39 (9): 7709 – 7717.

［181］ Lo S S. A Comparative Study of Linkage Indexes: Co-assignee,
Reciprocal Citation, Patent Coupling and Co-patent ［J］. Journal of Library
and Information Studies, 2010, 8 (1): 11 – 27.

［182］ Cloodt M, Hagedoorn J, Kranenburg H V. Mergers and acquisi-
tions: Their effect on the innovative performance of companies in high-tech in-
dustries ［J］. Research Policy, 2006, 35 (5): 642 – 654.

［183］ Raesfeld A V, Geurts P, Jansen M, et al. Influence of partner
diversity on collaborative public R&D project outcomes: A study of application
and commercialization of nanotechnologies in the Netherlands ［J］. Technova-
tion, 2012, 32 (3 – 4): 227 – 233.

［184］ Petruzzelli A M. The impact of technological relatedness, prior
ties, and geographical distance on university-industry collaborations: A joint-
patent analysis ［J］. Technovation, 2011, 31 (7): 309 – 319.

［185］ Sch Nland S O, Lopez C, Widmann T, et al. The alliance innova-
tion performance of R&D alliances—the absorptive capacity perspective ［J］.
Technovation, 2012, 32 (5): 282 – 292.

［186］ Angue K, Ayerbe C, Mitkova L. A method using two dimensions
of the patent classification for measuring the technological proximity: an appli-
cation in identifying a potential R&D partner in biotechnology ［J］. The Journal

of Technology Transfer, 2014, 39 (5): 716 – 747.

[187] Hussinger K. On the importance of technological relatedness: SMEs versus large acquisition targets [J]. Technovation, 2010, 30 (1): 57 – 64.

[188] Sears J, Hoetker G. Technological overlap, technological capabilities, and resource recombination in technological acquisitions [J]. Strategic Management Journal, 2014, 35 (1): 48 – 67.

[189] Usai S, Marrocu E, Paci R. Networks, Proximities, and Inter-firm Knowledge Exchanges [J]. International Regional Science Review, 2015, 40 (4): 377 – 404.

[190] Jakobsen S, Steinmo M. The role of proximity dimensions in the development of innovations in coopetition: A longitudinal case study [J]. International Journal of Technology Management, 2016, 71 (1 – 2): 100 – 122.

[191] Frenkel A, Israel E, Maital S. The Evolution of Innovation Networks and Spin-off Entrepreneurship: The Case of RAD [J]. European Planning Studies, 2015, 23 (8): 1646 – 1670.

[192] Lane P J, Lubatkin M. Relative Absorptive Capacity and Interorganizational Learning [J]. Strategic Management Journal, 1998, 19 (5): 461 – 477.

[193] Bourreau M, Verdier M. Cooperative and Noncooperative R&D in Two – Sided Markets [J]. Review of Network Economics, 2014, 13 (2): 175 – 190.

[194] Lund P D. Effects of energy policies on industry expansion in renewable energy [J]. Renewable Energy, 2009, 34 (1): 53 – 64.

[195] Yuan C, Liu S, Yang Y, et al. An analysis on investment policy effect of China's photovoltaic industry based on feedback model [J]. Applied Energy, 2014, 135 (C): 423 – 428.

[196] Prahalad C K, Hamel G. The Core Competence of the Corporation

［M］. Springer Berlin Heidelberg，2006.

　［197］ Ahuja G. Collaboration Networks，Structural Holes，and Innovation：A Longitudinal Study ［J］. Administrative Science Quarterly，2000，45（3）：425 –455.